Con Luz Propia

CON LUZ PROPIA

Con Luz Propia

Autor: Natalia García Canillas
Diseño de Cubiertas: www.deer.blue
Revisión ortográfica: Ricardo Amillategui Soto
Copyright: Natalia García Canillas
1º Edición: 12 de septiembre de 2016

Reservados todos los derechos.
Ninguna parte de esta publicación puede ser reproducida, almacenada o transmitida en modo alguno o por ningún medio sin permiso previo del autor.

ISBN: 978-84-617-4792-4
Deposito Legal: B 22840-2016

CON LUZ PROPIA
Libérate de lo que te ata,
para crear la vida que deseas.

Natalia García Canillas

Con Luz Propia

A los pilares de mi vida, Papá, Mamá, Vito, Laura, Andrés, Alejandro, Gonzalo, Andrés y Daniel.
Os amo.

Agradecimientos:

Le doy gracias a la vida, por todos y cada uno de los momentos vividos, y por todas y cada una de las personas que en algún momento han formado parte de mi camino hasta la publicación de este libro. Gracias Maestros.

Gracias especialmente a mi hermana. Laura, tú has sido el motor que me ha empujado cuando me faltaban las fuerzas, eres maravillosa, aprendo de ti todos los días.

Gracias a mis padres, de los que recibo amor incondicional y soporte sin límites. Vosotros me habéis enseñado a amar.

Gracias a mi marido. Por todo el amor que le pones cada día a nuestra familia, por lo libre que me siento a tu lado, por apoyarme en este proyecto.

A mis hijos, y mis sobrinos, por ser mi vida entera. Gracias por existir, ser mis maestros y darme inspiración.

A mis abuelos, que ya se fueron, y a mis abuelas. Agradezco el orgullo con el que sostendréis este libro.

A toda mi familia, García, Canillas, Gil, Diego y Anderson. Gracias por la piña que formamos y por apoyarme siempre.

A mis amigos. Gracias por compartir conmigo este camino, os siento cerca, siempre. Iballa, Anna, Luis, Bea, Mario y Rut, gracias especialmente a vosotros.

Y por último a quienes se han volcado con este libro, Montse Charle, Jordi Gómez y Éric Abidal. El mundo necesita muchos corazones como los vuestros. GRACIAS.

Con Luz Propia

El 10% de los beneficios de este libro van destinados a la lucha contra el cáncer a través de la Fundación Eric Abidal.

Con Luz Propia

La Felicidad es una decisión que se toma a cada instante.

Índice

1. Introducción... 17
2. La mente: del todo al nada. El reto de desaprender... 21
3. La importancia del verbo SER. Cada palabra es un decreto... 27
4. Un compañero llamado Ego. ¿Quién eres tú?... 35
5. Lo mejor y lo peor de mi. El espejo... 45
6. Aceptación y Responsabilidad. Hacer las paces... 51
7. Una mesa con tres patas. Súper Héroes... 57
8. Esta es mi intención. El valor de la integridad... 65
9. Ábrete a las oportunidades. Explora tus apegos... 71
10. Rompe las cadenas. Pasa a la acción... 83
11. El crecimiento no sucede, lo haces suceder... 89
12. Relaciones sanas, Vida sana... 95
13. Gratitud, la virtud de los vencedores... 105
14. Las leyes del Universo. Pura energía trabajando a tu favor... 111
15. La ley de la Atracción. Consigue tus sueños... 123
16. Reprograma tus creencias. Elimina los obstáculos... 135
17. La hoja de Ruta. Marca tus metas... 141
18. Perseverancia. El valor que lleva al éxito... 147
19. Con Luz Propia. Es tu momento de brillar... 153

Prólogo

Hay días en los que todo parece imposible, sin embargo, lo imposible puede ser posible. Es nuestro pensamiento quien nos da la sensación de obstrucción.

Alguien me dijo: "Pruebe, si usted quiere tener una oportunidad." Este es el extracto puro de la vida.

No permitas ser influenciado por los mensajes y las ideas negativas: Sólo quienes se centran en encontrar lo positivo, hacen que todo siga siendo posible. Es desde allí desde donde se generan una serie de acciones que nos permitirán actuar y reaccionar, de manera que lo imposible pueda convertirse, por tanto, realizable y posible.

ACTITUD POSITIVA: siguen siendo las palabras clave para que, en nuestra vida diaria, la palabra de la esperanza siempre esté presente.

Éric Abidal

1. Introducción

Al principio de los tiempos, los dioses se reunieron para crear al hombre y a la mujer. Lo hicieron a su imagen y semejanza, pero uno de ellos dijo:

-Un momento, si vamos a crearlos a nuestra imagen y semejanza, van a tener un cuerpo igual al nuestro y una fuerza e inteligencia igual a la nuestra. Debemos pensar en algo que los diferencie de nosotros, de lo contrario estaremos creando nuevos dioses.
Después de mucho pensar, uno de ellos dijo:

- Ya sé, vamos a quitarles la felicidad.

- Pero, ¿dónde vamos a esconderla? - Respondió otro.

- Vamos a esconderla en la cima de la montaña más alta del mundo.

- No creo que sea una buena idea, con su fuerza acabarán por encontrarla.

- Entonces... podemos esconderla en el fondo del océano.

- No, recuerda que les daremos inteligencia, con la cual, tarde o temprano construirán una maquina que pueda descender a las profundidades del océano.

- ¿Por qué no la escondemos en otro planeta que no sea la tierra?

- Tampoco creo que sea buena idea, porque llegará un día que desarrollarán una tecnología que les permita viajar a otros planetas. Entonces conseguirán la felicidad y serán iguales a nosotros.

Uno de los dioses, que había permanecido en silencio todo el tiempo y había escuchado con interés las ideas propuestas por los demás dijo:

- Creo saber el lugar perfecto para esconder la felicidad, donde nunca la encuentren.

Todos le miraron asombrados y le preguntaron:

- ¿Dónde?

- La esconderemos dentro de ellos mismos, estarán tan ocupados buscándola fuera, que nunca la encontrarán.

Todos estuvieron de acuerdo, y desde entonces el hombre se pasa la vida buscando la felicidad sin darse cuenta que la lleva consigo.

-Fábula.

Debo admitir que mi interés por el crecimiento personal comenzó en un momento en el que escuchar que la felicidad estaba dentro de uno mismo me daba hasta rabia. Recuerdo haber estado sentada en el sofá de casa, sintiéndome hundida, inmersa en la miseria, con el móvil en la mano, detestando mi propia situación y machacándome viendo las "vidas ideales" de mis amigos de Facebook. En una de esas imágenes virales leí "La felicidad está dentro de ti" y casi vomito.

Para reconocer la luz hay que reconocer la ausencia de ella, reconocer tu propia oscuridad. El frio es la ausencia de calor, la sombra la ausencia de luz, el silencio la ausencia de ruido, y la indiferencia la ausencia de amor. Y mi estado en ese tiempo, era completamente de ausencia, ausencia de mí misma.

Ese fue el punto de partida para comenzar el viaje más maravilloso del mundo. No necesité maletas, ni aviones, ni hoteles de lujo. No hacía falta hacer planes ni buscar compañía. Era un viaje hacia dentro, un tránsito hacia el lugar donde los dioses habían escondido la felicidad del ser humano, un camino hacia el descubrimiento del poder de transformar mi vida, mi camino empezó a través de un libro, deseo que este sea el tuyo.

Querido lector, no importa el punto donde te encuentres, ni lo que tengas, ni lo que anheles, no importa qué es lo que te quita el sueño: si este libro está entre tus manos es por algo. Nada sucede por casualidad, todo llega a nuestra vida en un momento y por una razón.

Deseo que este libro te abra nuevos horizontes y que desate todo tu poder, que te libere y empuje a crear la vida que deseas. Que te empodere, que consigas tus sueños, para que puedas crear la vida que quieres y despiertes a tu verdadera realidad.

"Acabemos de una vez con la única crisis amenazadora, que es la tragedia de no querer luchar por superarla"
Albert Einstein.

Gracias por estar ahí.

2. La mente: del todo al nada. El reto de desaprender.

"Allí donde está tu mente, estás tú"
Saint Germain.

Párate un momento y piensa de qué eres fruto. Hoy y ahora. ¿Cómo has llegado hasta aquí?

Nacemos con la mente en blanco, un día estamos calentitos en el vientre de nuestra mamá, cuando de repente lo que parecía nuestro mundo, sereno y calentito, seguro, en calma... se desata en un vaivén de contracciones y pasamos de una apacible oscuridad a una luz que tenemos que aprender a digerir.

Aparecemos en este mundo como un libro en blanco, como un teléfono móvil nuevo al que el entorno le va a ir instalando aplicaciones, y a través de esas aplicaciones, cogeremos experiencia para ir resolviendo nuestro día a día.

Es bien sabido que el ser humano no utiliza todo el potencial que alberga nuestro cerebro, y aunque sea un órgano todavía tan desconocido, y nos quede tanto por descubrir, sí que podemos sentir a nivel intuitivo que tenemos talentos y recursos que todavía están por evidenciar. Conocemos datos tan reveladores como que a pesar de suponer sólo el 2% de nuestro peso corporal, el cerebro consume el 25% de nuestro riego sanguíneo. Los procesos que se dan en él consumen una gran cantidad de energía, y eso es porque la misión final de nuestro cerebro es ayudarnos a sobrevivir.

La capacidad de sobrevivir viene dada por la capacidad de darle solución a nuestros problemas, afrontar inconvenientes, tomar decisiones y en el mejor de los casos, aprender de nuestras experiencias. Nuestro mayor reto es hacer una gestión eficaz de las situaciones que se nos presentan cada día.

Cada uno de esos retos que se nos presentan vienen acompañados de emociones. El saber gestionar esas emociones es lo que determina el cómo afrontaremos esos retos.

Una mente bloqueada o ansiosa no es capaz de gestionar esas emociones y, sin quererlo, queda bloqueada intelectualmente. Es por ello que conocer el origen de esas emociones es lo que nos va a dar una amplia capacidad para poder resolver los retos de nuestra vida de manera más satisfactoria.

Cuando las emociones se adueñan de nosotros, no importa la cultura que tengamos, nuestro nivel intelectual o la capacidad de nuestro cerebro para gestionar información: nos bloqueamos, y es esa sensación de bloqueo lo que impide que resolvamos de manera satisfactoria nuestros retos.

Volviendo a la analogía del cerebro y el teléfono móvil, podemos decir que según vamos creciendo se van instalando en nuestras mentes aplicaciones a través de las experiencias. Estas aplicaciones nos permiten reaccionar ante situaciones que se van dando, en función de lo que hemos acumulado anteriormente, y en la mayoría de las situaciones diarias actúa muy eficazmente. Imagínate por ejemplo que te vas de vacaciones, y estás perdido en Roma, en un momento dado no sabes cómo llegar a tu hotel, pero sacas el móvil, abres tu aplicación de mapas, te localiza y te marca la ruta hacia tu hotel, problema resuelto.

El punto clave llega cuando ante una situación, nuestra aplicación actúa de manera limitante, sin que nosotros seamos conscientes de ello. Siguiendo el ejemplo de la aplicación móvil: seguimos en Roma con nuestro teléfono marcándonos la ruta, pero resulta que sin ser conscientes de ello, nuestra aplicación no está actualizada y nos está llevando a destino dando una vuelta enorme.

Desde pequeños vamos instalando información en nuestro cerebro, esta información la utilizaremos a lo largo de la vida, si bien, de manera inconsciente, en muchas ocasiones esta información en lugar de funcionar a nuestro favor, nos va a limitar.

Gran parte de esta información la almacenamos durante nuestros primeros 7 años de vida, y en esa etapa los niños sacan muchas veces conclusiones erróneas, pero que se quedan para siempre grabadas en nuestro subconsciente. Es lo que llamamos creencias. Estas creencias durante nuestra vida nos van a acompañar y en la mayoría de ocasiones nos van a ayudar a sobrevivir, sin embargo, otras muchas de esas creencias nos van a limitar. Son las llamadas creencias limitantes.

No solamente añadimos creencias o aplicaciones a nuestro "teléfono móvil" durante la niñez, según evolucionamos, vamos añadiendo información que nos hará actuar de una manera u otra a lo largo de la vida. Las creencias que adquirimos durante la niñez son de las que tenemos menos consciencia, y son las que más tenemos que trabajar en localizar y poder cambiar para que ese límite desaparezca. Sería como cambiar una aplicación del móvil que se ha quedado obsoleta, y hace al teléfono funcionar lentamente y de manera incorrecta, para que vuelva a su pleno rendimiento. La buena noticia es que esas creencias, trabajándolo, pueden cambiarse.

Lo que hacemos es sustituir un programa que rige nuestra vida, que nos está limitando por otro que nos hará funcionar de manera más eficaz y sin obstáculos.
Seguramente ya te habrán dicho alguna vez: "es que si siempre haces lo mismo, el resultado siempre va a ser el mismo. Lo tienes que cambiar." y tú has pensado…si, la teoría está muy bien! Pero es que….lo he intentado y no puedo!!

Antes de cualquier acción hay un pensamiento, y los pensamientos se sustentan sobre las creencias. Por lo que para cambiar determinadas acciones y comportamientos debemos revisar nuestras creencias, sería como pillar infraganti a tu cerebro, observar qué hay delante de tu acción, observar tu forma de expresarte.

Vamos a poner un ejemplo de cómo se forma una creencia. Lo vi en un video hace poco en YouTube y me pareció muy significativo: Una niña está en el parque, y aparece el niño que le gusta. Él se acerca a ella y ella se emociona, sonríe, pensando que van a jugar juntos. Cuando llega a su lado el niño le empuja y le dice: Aparta de mi camino! Hueles a caca de vaca! La niña sin consuelo va hacia su madre llorando y le pregunta: ¿Por qué me ha hablado así? ¿Por qué me ha dicho que huelo mal? Y la madre, le dice: ¿Sabes por qué? Porque le gustas. No sabe qué le pasa, y lo ha expresado así, pero la verdad es que le gustas….
La niña para de llorar y se queda pensativa.

La niña en ese momento graba la creencia de que es normal que si a alguien le gustas, te hable mal.

Las creencias no responden a verdades o hechos demostrables a través del raciocinio. Son pensamientos asociados a sentimientos que tomas como ciertos ya sea por miedo, incertidumbre, confianza, fe...

Pero de la misma manera que una creencia puede ser limitante, también puede ser potenciadora, por lo tanto, el cambiar tus creencias limitantes por creencias potenciadoras puede cambiar tu experiencia vital de una manera muy significativa.

Localizar cuáles son las creencias que nos limitan, tomar conciencia de ellas, y sustituirlas por creencias que nos potencien, es el primer paso para conseguir vivir la vida que queremos vivir, la vida que nuestra alma nos pide, para sentir renacer nuestra alma.

¿Dispuesto a descubrirlo y conocer las bases para conseguir el cambio que anhelas en tu vida? ¿Para conseguir ese objetivo que se te resiste? ¿Para permitir que tus sueños se cumplan? ¡Tu cambio empieza aquí!

"Algunas cosas no se comprenden aprendiéndolas, sino dejando que nos aprendan"
Madre Teresa de Calcuta

3. La importancia del verbo SER.
Cada palabra es un decreto.

"Que cada uno de tus actos, palabras y pensamientos, sean los de un hombre que acaso en ese instante, haya de abandonar la vida"
Sócrates.

Ya hemos visto cómo las creencias se arraigan en nuestro subconsciente y cómo sin darnos cuenta, en muchas ocasiones se adueñan de nosotros dejándonos un margen de acción muy limitado. Pero...¿cómo llegan a nosotros esas creencias? En buena medida lo hacen a través de las palabras, y no solamente de palabras que nos dicen, sino también de palabras que nos repetimos a nosotros mismos.

Desde que nacemos estamos expuestos a las afirmaciones de todos los que tenemos alrededor, y entre las personas que nos rodean, consideramos a muchas de ellas con autoridad moral o de conocimiento. Las palabras que nos dicen esas personas pasan a ser parte de nosotros y sus afirmaciones pasan en muchas ocasiones a formar parte de nuestras creencias subconscientes.

Párate a pensar, ¿cómo le hablas a las personas que quieres? ¿Eres amable, delicado, cariñoso en tus palabras? ¿Juzgas a los que están a tu alrededor?

¿Utilizas en tus palabras muy a menudo el verbo ser? ¿Cómo hablas de ti mismo? ¿Cómo te tratas en tu lenguaje interior? ¿Qué decían de ti los demás cuando eras pequeño? ¿Qué te gustaba escuchar? ¿Qué escuchabas sobre ti que no te gustaba?. Date unos minutos para contestarte a estas preguntas con honestidad antes de seguir leyendo.

Tengo que admitir que cuando fui consciente del poder que tienen las palabras sobre nosotros, sentí una gran responsabilidad. Yo ya era madre cuando me adentré en el mundo del crecimiento personal, y sentí en ese momento una especie de culpa por lo que podía haber hecho/dicho desde mi falta de consciencia sobre el tema, que hubiera podido marcar el subconsciente de mis hijos.

En ese momento sentí una especie de miedo, no por haber hecho nada grave, no lo había hecho y en realidad ninguno lo hemos hecho: hacemos siempre lo mejor que sabemos en ese momento con los recursos con los que contamos. Pero sí que, a partir de ahí, encontré una gran herramienta: LA ACEPTACIÓN. En el momento en que acepté que había utilizado sin querer en algunos momentos palabras "sin amor", pude responsabilizarme, y a partir de ese momento me comprometí conmigo misma a poner conciencia sobre mis palabras.

Muchas veces decimos cosas repetidamente sin saber cómo eso puede afectar en los que nos rodean, y también nos repetimos a nosotros mismos afirmaciones sin responsabilizarnos de lo que eso nos afecta. Si un niño crece escuchando "Hijo que pesado eres, cállate ya!" o "Eres tonto o ¿qué?, Mira que te lo he dicho veces!", " Es que no haces nada bien! Cómo te lo tengo que explicar!", que en nuestro tiempo se utilizan muchas veces sustentadas por la falta de tiempo y el estrés de los padres, escuchadas repetidamente hacen mella en el subconsciente de los niños. Niños que en el futuro encontrarán limitaciones en su vida y que no entenderán por qué les pasan ciertas cosas, como sentirse incapaces de hacer determinadas acciones, miedo a hablar en público, creer que no son capaces de aprender determinadas materias, problemas para relacionarse con sus iguales, problemas de pareja, dificultades económicas u otras "pequeñas cosas" que ponen límites a nuestras capacidades y muchas veces se nos terminan "haciendo bola".

Tomar conciencia del poder que tiene todo lo que sigue al verbo SER es una de las herramientas más valiosas para construir el mundo que queremos formar, las generaciones que queremos educar, y la persona que realmente queremos ser. No es lo mismo decirle a un niño "Eres desordenado" que decirle "Aquí hay desorden", no es lo mismo decirle "Qué lento eres" que decirle "estás actuando con lentitud" simplemente el cambiar la forma verbal ya hace que la percepción de la otra persona sea diferente y le abra la visión de qué puede cambiar para superar en ese momento ese desafío, y superarse.

Alrededor del verbo SER creamos mucho de lo que conforma nuestra realidad. Realmente tenemos en nuestro interior una especie de caricatura que hemos creado sobre nosotros mismos a través del verbo ser, y a la que le consultamos constantemente ante los retos que nos plantea la vida. Prejuzgamos lo que creemos que somos o no capaces de conseguir, de hacer o de alcanzar, en función de esa imagen que hemos creado sobre nosotros mismos, cuando la realidad es que somos capaces de mucho más de lo que pensamos y que podemos conseguir muchísimo más de lo que imaginamos. Tenemos un poder infinito. Tienes un poder infinito. ¡Vamos a descubrirlo!

Realmente somos seres poderosos, y nuestro poder viene dado en gran medida por la palabra. Es la herramienta que utilizamos para comunicarnos, para conocernos, para intercambiar, para pensar...es la vía mediante la que expresamos lo que vamos a CREAR.

Obsérvate al hablar, e identifica qué expresiones utilizas después de frases que comiencen de esta manera:

- o   Creo que....
- o   Me temo que...
- o   Confío en que....
- o   Tengo fe en que...
- o   Soy + adjetivo

Tú sólo eres quien crees que eres y es a través de la palabra como conformas tu "yo", tanto en positivo como en negativo.

Todo lo que dices tiene una vibración. Observa a tu alrededor, a las personas que tienes cerca. ¿Puedes notar su vibración a través de sus palabras? Piensa en alguien del que tengas una impresión positiva, alguien a quien consideres una persona optimista y alegre. ¿Cómo son las palabras que utiliza? Y ahora haz lo contrario, busca una vibración baja, alguien que normalmente sientas de mal humor o que no está a gusto con su situación. ¿Qué tipo de vocabulario utiliza?

Nuestras palabras están cargadas de vibración, de frecuencias, y en función de la vibración y la frecuencia que utilices conectarás con vibraciones y frecuencias similares a las tuyas. Somos como una radio frecuencia que sintoniza con las ondas que le rodean. ¿Con qué frecuencia quieres conectar? ¿Qué quieres que diga la "radio" que escuchas? ¿De qué vibración te hace feliz rodearte?

Entonces, si quieres estar alegre, estar feliz, estar contento, sentirte a gusto...¿qué tipo de palabras crees que deberás utilizar? Parece fácil pero no lo es, ya que nuestras palabras son las que expresan toda la carga emocional que llevamos dentro, y lo peor, muchas veces no lo hacemos en alto, sino que nos lo repetimos a nosotros mismos, y entonces nos come por dentro. Pero esa vibración está ahí, la frecuencia esta emitiendo y la energía que emiten, está funcionando sobre nosotros. ¿Con qué frecuencia quieres conectar? ¿Qué quieres atraer a tu vida? ¿De qué tipo de personas quieres rodearte? Para conectar con la frecuencia de la armonía, de la calma, de la tranquilidad, de la paz interior, tenemos que empezar por trabajar el lugar donde nacen nuestras vibraciones: nosotros mismos.

Es una cuestión de poner consciencia sobre nuestros diálogos internos y externos, y sentir el poder que tenemos sobre ellos, para modificarlos y empezar a vibrar en la frecuencia que nos hace felices. No estoy hablando de callarnos las cosas que no nos gustan o que nos hacen sentir incomodos, estoy hablando de modificar cómo decimos las cosas, para que la vibración que emitimos vaya acorde con la vibración que queremos atraer.

Imagina que estás en casa, has llegado antes que el resto de tu familia. Cuando llegas, te acuerdas que hay ropa por doblar y planchar, y te pones con ello. Mientras empiezas a doblar ropa empiezas a tener un diálogo interior que empieza por decirte a ti mismo lo poco que te apetece doblar ropa en ese momento, la cantidad de ropa que hay por doblar, sigues pensando en que eres tú normalmente quien dobla la ropa, seguido de lo mal que te sienta que los demás pongan tanta ropa a lavar cuando tú conservas tu ropa limpia el máximo tiempo posible para no tener montañas de ropa, sigues pensando lo a gusto que están los demás haciendo sus actividades lúdicas en la calle, mientras tú estas en casa doblando ropa... en ese momento ya estás tan enfadado con la situación que tirarías toda la ropa a la basura y ¡te quedarías con lo puesto! Y justo entonces....aparece tu pareja por la puerta. Llega de un día de trabajo y con ganas de estar en casa contigo y....¿qué se encuentra? Un frio "hola" desde donde estás. Anda hacia la habitación donde tú te encuentras y casi no eres capaz de mirarle a la cara, en ese momento ¡le tirarías toda la ropa a la cabeza!.

¿Como crees que se da la situación a partir de que tu pareja entra en la habitación? ¿Cuál es la vibración que estás atrayendo en ese momento? ¿Qué energía se respira en el ambiente? No has pronunciado ni una sola palabra, pero el dialogo interior que has mantenido, ha creado ya una vibración que se puede casi tocar. ¿Cómo crees que serán las palabras que se pronunciarán en ese momento? ¿Crees que la situación va a ser armoniosa y tranquila?

Todo lo que sucede en ese momento lo has creado tú, desde tu mente y con tus palabras. Porque son las palabras las que crean las emociones y las emociones las que te llevan a la acción.

¿Qué podemos hacer entonces para dar un paso más hacia la vida que realmente nuestra alma nos pide que vivamos? Una de las cosas importantes es poner conciencia en nuestras palabras. Porque a través de ellas vamos a CREAR.

Yo creo en la energía, sé que cada creación, cada objeto, cada individuo, cada ser de este universo está cargado de energía, y creo que la energía es mucho más inteligente que nosotros porque trabaja en un plano mucho más sutil y permanente. La energía que emanamos es la que conecta con energías que sintonizan con la nuestra, y es así como creamos nuestra realidad. Es por ello que empezar a crear a través de nuestras palabras una energía orientada a la vida que queremos conseguir es otro de los pasitos que tenemos que dar para superar todos nuestros obstáculos, conseguir nuestras metas, alcanzar nuestros retos y poder saber a dónde queremos ir. Esa energía que todos sentimos y que cada uno le pone el nombre que quiere, unos le llaman simplemente energía, otros le llaman Universo, otros le llaman Vida,

Amor, Dios...todo al final es lo mismo, es todo lo que es, es todo lo que soy, es todo lo que eres y todo lo que sueñas, es TODO LO QUE EXISTE. Y desde mi punto de vista, el motor de esa energía, en todos los puntos es el AMOR.

Hay una fórmula simple para poner en orden tus palabras, para que éstas siempre fluyan a favor de la vida que quieres crear, para que acerquen tus sueños, para que atraigas a tu vida a gente que te llene el alma, para que tus relaciones sean sanas y transparentes, para que la vida que anhelas se materialice: Pon amor a todo lo que haces y pon amor en tus palabras.

Poner conciencia sobre nuestra forma de expresarnos hacia los demás y con nosotros mismos, y poco a poco ir modificando nuestra forma de comunicarnos va a hacer grandes cambios en nuestra vida y en los que nos rodean, y para ello sólo hay que ponerle AMOR.

"Educar la mente sin educar el corazón,
no es educar en absoluto"
Aristóteles.

4. Un compañero llamado Ego. ¿Quién eres tú?

"El ego cree que todos los problemas que hay que resolver están ahí afuera"
Enric Corbera.

Hemos hablado ya de cómo desde el momento en que nacemos vamos añadiendo a nuestra mente información, pensamientos y creencias, que finalmente terminan siendo convicciones sobre nosotros mismos. La hemos identificado como una caricatura que vamos dibujando sobre nosotros, a la que miramos con la certeza de contener toda nuestra información personal y a la que le vamos consultando para identificarnos con el "Yo" que nosotros mismos creamos, que nuestra mente crea. Es la imagen mental que vamos creando sobre nosotros basados en el condicionamiento personal y cultural.

El ego es nuestra actividad mental. Nuestra actividad mental forma parte de las funciones de nuestro cuerpo y es algo que sucede constantemente, igual que la respiración, que los latidos del corazón, que la digestión, es un acto que involuntariamente genera nuestro organismo y que tiene que ser así para su propia supervivencia. Es decir, nuestra actividad mental sólo puede funcionar mediante el pensamiento constante.

El ego del que te hablo es ese falso yo creado por una identificación inconsciente de la mente, creada por ese constate proceso de funcionamiento mental. Eso que creemos ser. Pero el funcionamiento del ego por sí solo, sin tu observación sobre él, es disfuncional ya que para la mente el momento presente no existe.

La mente viaja del pasado al futuro para sobrevivir. La mente sólo considera importantes el pasado y el futuro. La mente se empeña en mantener el pasado vivo, te hace creer que sin ese pasado no eres nada. Y lo mismo hace con el futuro, a favor de su propia existencia te va haciendo afirmaciones en busca de una sensación de liberación, de justificación, de satisfacción: "Cuando tenga este coche seré feliz" "Algún día compraré esa casa" "Cuando lo consiga estaré en paz", "ya se dará cuenta" "Algún día me dará la razón"... Diálogos que le hacen sentirse importante, sentirse viva, garantizar su propia supervivencia.

Incluso cuando la mente parece estar en el presente, realmente no lo está porque está juzgando, calificando, etiquetando desde el pasado, y proyectando hacia el futuro. Obsérvala, ¿puedes comprobar cómo esto es así?

Y Ahora, otra pregunta....¿Eres tú ese dialogo? ¿Es desde ahí desde donde sientes? ¿Esa radio que habla constantemente dentro de ti, eres tú? O ¿puedes identificar algo más? En ese "algo más" está la llave, en devolverle su poder, el que los humanos le hemos quitado identificándonos cada vez más con nuestro ego. ¿Puedes observar a tu mente? ¿Identificas al observador? Entonces podemos afirmar que hay tres planos de ti mismo: el energético (el observador) El ego (tu mente) y tu cuerpo (el físico).

La clave está en darle cada vez más poder a tu observador, porque ese observador no juzga, no busca culpables, no tiene apego a las cosas. En el momento en que el "observador" es capaz de reconocerse, también es capaz de utilizar la mente como una herramienta, al igual que haces con otras funciones que trabajan por inercia en tu cuerpo, como por ejemplo, la respiración. Tu no tienes que poner consciencia para respirar, pero si que, si vas a hacer 30 minutos de carrera continua, vas prestando atención a tu respiración para optimizar los recursos que le puede aportar a tu cuerpo, la observas, y la dominas. Pues bien, la mente es lo mismo.

Dejar que tu mente se apodere de ti es darle el poder a algo que simplemente funciona para su propia supervivencia, no para la tuya. Es cuando somos capaces de observar nuestra mente, observar ese dialogo interior, y concentrarnos en el momento presente, desde nuestro verdadero ser, es cuando podemos liberarnos, encontrarnos, entendernos, saber quién somos y qué queremos.

Eckhart Tolle, en su libro El poder del ahora, llama a esa otra parte la no-mente, él habla de elevarse por encima del pensamiento y practicar el usar la mente cuando la necesitas, como una herramienta más, de un modo más enfocado y más eficaz. De esa manera la empleas básicamente con fines prácticos, pero eres libre del diálogo interno, involuntario, y cada vez puedes disfrutar más de la quietud interior. De sentir el ahora.

Identificar a nuestro ego nos va a dar la posibilidad de poder observarle y podernos liberar de él. Una vez yo identifiqué a mi ego, y me decidí a observarlo, pude claramente distinguir en mí dos tipos de formas de actuar: la que viene desde mi ego, y la que viene desde mi consciencia, desde mi alma. Cuanto más poder le doy a mi alma más capaz soy de ser feliz, y le sigo entregando a mi mente mucho poder, la de ser la herramienta que me ayuda a resolver determinados tipos de problemas, pero pongo consciencia en mis actos todo lo que puedo, porque siento que es así como puedo pensar creativamente, como puedo darle a mis retos una solución en armonía y benevolencia con todo lo que me rodea, con todo lo que es. Es así como le damos al pensamiento su poder real.

Evidentemente hay muchos momentos de mi vida en que mi ego me domina, ¡no soy una persona iluminada! Pero sí que trabajo constantemente en poner consciencia a todo lo que hago, a todo lo que siento, en intentar estar presente, y eso ha transformado mi vida, me ha despertado a una nueva realidad, en la que sí que me siento yo, y en la que sí siento mi mundo como yo decido y quiero que sea.

He vivido en varias ciudades, y fui a diferentes colegios. Cuando tenia 12 años mi familia se trasladó a vivir a Sevilla, y ya era julio cuando llegamos a la ciudad. Las plazas en los colegios estaban ya cubiertas y mis padres tuvieron que hacer entrevistas en varias escuelas para conseguir escolarizarnos a mi hermana y a mí, corría el año 91. Finalmente conseguimos matricularnos en un colegio que quedaba lejos de nuestra casa, era un colegio religioso y femenino en el que nos daban clase las hermanas de La Doctrina Cristiana. Allí pasé sólo un año escolar, hice octavo de EGB, después cambié de colegio al entrar en la nueva etapa, BUP, y lo que podía haber sido un paso banal por una escuela durante tan sólo un curso, con el paso del tiempo se ha convertido en una de las enseñanzas más importantes que he tenido en la vida.

Tenia una profesora mayor, una monja estricta y carismática, con carácter. En sus clases nadie sobrepasaba los límites, y además se esforzaba en mantener nuestra atención. Era profesora de matemáticas y lo mío nunca fueron los números, siempre me he sentido más cómoda con letras. La hermana San Guillermo tenia en mí un reto. Rápidamente se dio cuenta de que yo no vibraba con los números, y que lo hacía porque lo tenía que hacer, pero que si me hubieran dejado elegir, yo no habría pisado aquella clase.

Durante todo el curso me repitió una frase que en el momento sinceramente no entendía, pero que ha retumbado en mí toda la vida, y a la que a través del crecimiento personal le encontré el sentido. Ella me decía: "Natalia, Haz lo que haces" y yo en aquel momento casi ni lo entendía, lo interpretaba como una "llamada al orden".

Ahora entiendo que lo que la hermana San Guillermo quería decirme es que estuviera presente, por eso la frase ha venido a mi mente repetidas veces durante toda mi vida, porque esa frase había retumbado en mi alma, y era mi alma la que me la repetía "llamándome al orden". Lo que quería decir es que si le daba a ese instante todo el poder y le ponía a lo que estaba haciendo todo mi amor, ese instante se convertiría en dicha. La Hermana San Guillermo no me estaba diciendo Natalia haz el ejercicio de álgebra, me estaba diciendo que si ponía la atención a ese momento, si no juzgaba el acto en sí de hacer el ejercicio de la materia que no me gustaba, si ponía consciencia y utilizaba mi mente como una herramienta para cumplir con el cometido del momento, incluso las matemáticas se convertían en dicha, porque estaría utilizando mi mente para hacer lo que tocaba en ese momento, no para juzgar lo que hacía. Y también sé que ahora ese "haz lo que haces" significa pon toda tu atención en el momento presente y disfruta del regalo de este instante, de hacer de él algo único e irrepetible, de disfrutar de lo que sea que en este momento estés haciendo, de darle lo mejor de ti, aunque tu mente ni si quiera clasifique el momento como bueno. Simplemente siente el regalo de estar aquí y ahora.

En la actualidad le transmito esa enseñanza a mis hijos, por ejemplo a la hora de hacer los deberes. Si tú "haces lo que haces" no puedes hacer otra cosa, y al estar haciéndolo estando presente, lo haces bien.

Ponte en situación, tu maestra te manda deberes de la materia que no te gusta, te sientas delante de la mesa y entonces, tu mente empieza a funcionar..."vaya rollo", "esto no me gusta", "es que siempre nos pone muchos deberes"... en el tiempo de hacer estos tres juicios el ejercicio ya estaría hecho. ¿Cuál ha sido la diferencia entre las dos opciones? Una termina en la dicha de haber hecho lo que el momento precisaba, la otra te mantiene en el mismo sitio, enfadado, insatisfecho y con ejercicio todavía pendiente.

¿Te acuerdas de la ropa que teníamos en la habitación por doblar? ¿Qué hubiera pasado si al acto de doblar ropa le hubiéramos puesto presencia, consciencia? Doblamos la ropa estando presentes, sintiendo como a cada segundo estamos aportando orden a nuestra habitación, desde el amor y la dicha de saber que estás doblando la ropa con amor, saboreando la dicha de tener una pareja a la que quieres, unos niños que ponen mucha ropa a lavar, sí, pero que son felices, y a los que estás enseñando que hacer las cosas con amor mejora tu vida, con tu ejemplo, que es como aprenden....¿qué pasa cuando entra tu pareja en casa? Que el recibimiento es con amor, y la situación que se dé en ese momento, sucede con amor. Hay muchas más posibilidades de que el resto de la familia al entrar en la casa se ponga a doblar ropa contigo mientras compartís cómo ha ido el día. ¿Utopía? No, AMOR! Lo puedes comprobar, ponte el reto durante 21 días de aplicar la formula del amor, y cuando pasen los 21 días, observa el cambio en tu vida.

Ese es el poder del ahora, es el poder de estar presente en ese instante, en sentir el momento, en llenar de amor cada segundo de tu existencia....

¿Cómo seria un mundo en el que todos viviéramos así? ¿Qué pasaría si todos estuviéramos presentes en cada instante?

Nuestro mundo es lo que nos rodea, ¡seamos el primer paso!, llenemos de consciencia cada segundo de nuestra vida, contagiemos de amor cada átomo de energía que coexiste en este mundo con nosotros, vibremos en la frecuencia del amor....¿Qué crees que pasará si lo haces? ¿Qué crees que sucederá en tu vida si dejas de juzgar al otro, si dejas de juzgarte a ti mismo, si no entras en conversación con Don Ego todo el día y escuchas a tu alma?, ¿qué pasará si llenas de amor las palabras con las que te hablas, si llenas amor las palabras que le diriges a los demás?. ¿Serías tú el mismo hoy si eso hubiera pasado siempre a tu alrededor? Tenemos la responsabilidad de crear la vida que creemos mejor para nosotros y para los que nos rodean, y la responsabilidad de actuar en armonía con nuestro entorno, con nuestro planeta y con el universo entero. Todos somos uno, es esa percepción de separación lo que nos hace sentirnos diferentes, pero si tu percepción es de unidad, podrás sentir como toda la energía del universo, que es uno contigo, trabaja a tu favor. Y no es algo que diga yo, es algo sustentado por grandes autores de todos los tiempos. Te explicaré cómo más adelante.

Si nos ponemos a analizar cómo funciona nuestra vida, nos daremos cuenta de que el 90% del sufrimiento es auto-creado, creado por nosotros mismos.

¿Cómo podemos diferenciar entre sufrimiento y problema? El problema, la situación en sí, es exterior. El sufrimiento es lo que produce la interpretación que nuestra mente hace de lo que se está dando fuera. A partir del problema creamos el sufrimiento. Por lo tanto el problema no es lo que nos pasa, sino cómo dejamos que pase a través de nosotros. El sufrimiento no depende de las condiciones externas, está creado por la mente. Y ¿qué hace la mente para perpetuar el sufrimiento? Hace responsable al otro del sufrimiento que tenemos.

¿Quieres hacer responsable a los demás, a lo de fuera, de todo lo que te pasa? De acuerdo, hazlo. Pero...¿quién sale perdiendo a la larga? A no ser que lo de fuera cambie, el sufrimiento se mantendrá. ¿Cuánto tiempo estás dispuesto a esperar a que cambie? ¿Cuánto más sufrimiento estas dispuesto a soportar sabiendo dónde está el origen de tu sufrimiento? Por eso lo primero que tenemos que hacer para empezar a dejar de sufrir es: Tomar responsabilidad de nuestra vida.

Tomando responsabilidad sobre nuestra vida, llegará un momento en que todo cambie y experimentarás gozo.

Y ¿cómo se toma responsabilidad de nuestra vida? Aceptando el estado en el que está nuestra consciencia en este preciso instante, sabiendo el nivel de consciencia (de identificación con nuestra mente o con nuestra alma) en el que nos encontramos.

Todo camino se inicia tomando conciencia de en qué lugar estoy, del estado en el que me encuentro. ¿Te encuentras en un estado de conflicto? O ¿Te encuentras en un estado de unidad?

Cuando tu estado de consciencia es alta, cuando estás conectado con tu alma, con el amor, con el universo, con todo lo que es, te sientes constructivo, creativo, auspicioso, abundante. Cuando estas en una consciencia baja, la mente es destructiva, repetitiva, compulsiva, te boicotea, sientes carencia, escasez. ¿Dónde te identificas?

Trae a tu mente las circunstancias que ahora te preocupan, ¿estás adoptando ante ellas posturas positivas o negativas? ¿Con qué conciencia te estás alineando, con la superior o con la inferior?

La realidad es que somos humanos y estamos aquí para experimentar, para crecer, y el problema no es nuestra mente, el problema es el esfuerzo de cambiar nuestra mente. Los problemas son desafíos, hay que vivirlos para sentir y para poder dejar ir. Hay que crecer como personas, y el crecimiento no sucede, lo haces suceder. El cómo dejas que esos problemas pasen a través de ti es lo que va a marcar la diferencia.

"El único lugar donde puede ocurrir un verdadero cambio y donde puede ser disuelto el pasado es el AHORA"
Eckhart Tolle.

5. Lo mejor y lo peor de mí. El espejo.

"El mundo es un espejo que refleja la imagen del observador"
William Makepeace Thackeray

En el capitulo anterior hemos hablado de cómo funciona nuestra mente, de cómo nuestro ego se adueña de nosotros hasta limitar nuestras acciones, de cómo el identificarnos fuera de él, y en el presente, nos da la llave para crear siempre en este instante, cómo cada segundo cuenta en la creación de nuestra propia realidad.

Como humanos tenemos una percepción, no sólo de nosotros, sino también del mundo. ¿Qué percepción tienes de lo que te rodea? En ese análisis vas a encontrar la respuesta a muchas de tus preguntas, a través de esa visión vas a poder identificar, como humano, qué es lo que "te duele", dónde están tus heridas y vas a poder actuar para curarlas, para sanarlas, para poder superarte y salir de lo que no te gusta.

Cuando la percepción pasa a través de tu ego, este se va a encargar de buscar los culpables fuera. Y fuera encontrará las justificación a todos tus problemas, pero eso no hará que se resuelvan. Las personas, cuando vivimos identificadas con nuestro ego, vivimos en un estado fatídico, a merced de las circunstancias, víctimas de lo que pasa fuera. Al estar plenamente identificados con nuestro ego, y no darle ningún poder a nuestra alma, a lo que llevamos dentro, a nuestro sentir, a nuestros sueños, a lo que nos dice que sí que se puede cambiar todo, se convierte en algo nocivo, porque hay mucha carga emocional en el mundo interno. Esa carga interna sin resolver le da color a los pensamientos, a los miedos, a las creencias porque la naturaleza de la mente no puede ser cambiada, pero la mente puede cambiar de mente pensante a mente trabajadora, de llevar el control total, a ser una herramienta.

No puedes cambiar su naturaleza básica, es como el salón de tu casa, no puedes cambiar lo que es, los metros que tiene, sus paredes, la orientación de la ventana, el techo, pero sí que puedes cambiar los muebles, las cortinas, los textiles, el color de la pared....es decir, puedes cambiar las creencias, los condicionamientos, la carga emocional y todo lo que causa problemas en tu mundo exterior. Y para observar dónde están esas heridas vamos a mirarnos al espejo.

Nuestra vida sucede de manera transparente, es como montar en bici, o conducir un coche. No eres consciente en todo momento de vivir, sino que vas viviendo. ¿Te ha pasado que vas conduciendo pensando en tus cosas, y cuando de repente llegas a destino, te das cuenta de que prácticamente no eres consciente del trayecto que has hecho? Es porque ese acto para ti es transparente, no tienes que ir en el coche pensando en cada movimiento, analizando cada señal, pensando en qué marcha tienes que poner, simplemente sucede. La vida es un poco igual.

¿Pero qué pasa si conduciendo, de repente se cruza en tu camino un animal? Todas tus alarmas saltan, pones plena atención al momento y con los recursos con los que cuentas le das la mejor solución posible en cuestión de segundos para salir ileso del suceso.

En la vida pasa lo mismo, vamos viviendo, y mientras todo lo que pase a nuestro alrededor esté dentro de lo que tenemos previsto, de lo que nuestra mente dice que es correcto, de lo que nuestras creencias dicen que está bien, nosotros vamos avanzando sin problema, hasta que en determinados momentos del día hay situaciones que nos impactan y en ese momento la vibración sube, saltan las alarmas, nuestra mente empieza a funcionar y reaccionamos. Pero, analiza: las situaciones que nos impactan, ¿son las mismas para todos?

Te pongo un ejemplo, un grupo de amigos está reunido y durante una discusión, uno de ellos le dice a otro "es que desde luego...tú no estás bien, ¡estás trastornado!" hay personas que ante esa afirmación se quedan igual, siguen de manera transparente la conversación, puede ser que hasta se rían, pero resulta que este amigo, después de escuchar "es que desde luego...tú no estás bien, ¡estás trastornado!" salta, o se queda con la frase retumbándole en la cabeza y después le comenta a otro...pero, ¿este es idiota o qué?, ¡me ha dicho que estoy loco! ¿Por qué me ha dicho eso? ¡Loco está el! La persona que no identifica inconscientemente nada relacionado con esa afirmación en su interior, no reacciona ante la acusación, sin embargo la persona que reacciona ante esta afirmación de una manera u otra, que entra en juicio con ella, es porque hay algo que le duele: ese es el espejo.

Observar las cosas que nos hacen reaccionar, que nos hacen juzgar, que nos hacen sentir bien o mal de lo que vemos fuera nos va a dar las pistas para saber qué es lo que tenemos que resolver dentro.

El otro día me encontraba mal y vino el médico a mi casa y en una breve conversación salió una frase muy significativa. Firmándome la receta y escribiendo la fecha

me dijo, ¡ostras! 12 de junio, hoy es el cumpleaños de mi madre. Eran casi las 11 de la noche, le dije:
-¿Le has felicitado ya? -Mi madre se fue hace muchos años, me dijo. -Bueno, felicítala de todas formas, ella te escucha, le dije. Bajó la cabeza y dijo: -NO. -Eres creyente?, le pregunté. -No, no creo absolutamente en nada. -¿Y tú? Me preguntó. -Yo sí, le respondí, yo creo en la energía, en la de las personas y de todo lo que nos rodea, y creo que la energía se siente y permanece. -Lo malo es que esa energía es mala, me respondió. -¿Mala? ¿por qué? Le pregunté. -Porque hay mucha maldad en el mundo. -También hay mucha bondad, afirmé. -Yo no lo creo. Me respondió. -Que veas la maldad o la bondad en el mundo depende de en qué te enfoques, le dije. Quedó callado, pensó unos segundos. Y dijo…¡interesante! ¡Hay una conversación detrás de esto!. Sonreímos y se fué.

Lo que retumbaba en el interior de mi medico era la maldad, y eso no significa que mi medico sea malo, de hecho puedo afirmar que es una buena persona, pero su percepción del mundo en ese momento era negativa, su interpretación de lo que sucedía a su alrededor, era negativa, su espejo le estaba devolviendo una alerta. El mundo externo no es más que un reflejo del mundo interno, por lo tanto nuestra atención debería ir al interior.

Y ahora tú dirás, por ejemplo…me estás diciendo que si me revienta que mi marido llegue a casa y se siente en el sofá y no haga nada, mientras yo me parto los cuernos haciendo cosas en la casa, sin tener una mínima ayuda por su parte, ¿la que tengo algo que resolver soy yo?

Pues sí. Yo pensé exactamente lo mismo cuando me expusieron esta cuestión. Mi ego, reaccionó exactamente igual que el tuyo ante esta afirmación, y en el momento que encontré qué era eso que me reventaba, lo acepté, me responsabilicé y lo dejé ir, entonces, y sólo entonces, lo que vi fuera cambió.

Si nuestro mundo interno cambia, nuestro mundo externo cambia automáticamente. Lo que refleja el espejo son tus creencias, tus limitaciones, tus juicios. Si lo estás creyendo, lo estás creando. Lo que creas en tu interior, en algún momento aparecerá en el exterior.

Pero te preguntarás ¿cómo me libero de todas esas cosas que nos devuelve el espejo y que no me gustan? ¿Qué hago con quienes me juzgan?, ¿qué hago con la escasez que percibo?, ¿qué hago con la actitud de esa persona que me saca de quicio?, ¿qué hago con la relación que ya no se sostiene?, ¿qué hago con el nudo que me crea en la boca del estomago mirar mi cuenta bancaria?, ¿qué hago con esta soledad??. ¿¿!!Qué hago!!??. Ya has dado el primer paso: Aceptar que eso está ahí. Veamos cuales son los siguientes.

"Acepta. No es resignación, pero nada te hace perder más energía que resistir y pelear contra una situación que no puedes cambiar"
Dalai Lama

6. Aceptación y Responsabilidad. Hacer las paces.

"Nuestras vidas son una suma total de las opciones que hemos tomado"
Wayne Dyer

Hemos llegando hasta aquí tomando conciencia de que todo lo que tenemos alrededor lo hemos creado nosotros mismos. Que nuestra mente quiere apoderarse constantemente de nosotros, pero que tenemos una capacidad infinita que surge de nosotros mismos para cambiar las cosas. Ahora ya sabemos dónde estamos. Ya sabemos que nada es culpa nuestra, ni de nadie, simplemente en cada momento hacemos lo mejor que sabemos con los recursos con los que contamos. Hemos descubierto cómo la mente juega con nosotros y cómo el sufrimiento es algo que también podemos gestionar. Nos hemos mirado al espejo viendo nuestras heridas. Ahora es el momento de aceptar lo que vemos y ¡tomar acción!

Mirar hacia dentro y aceptarnos a nosotros mismos es la gran puerta de entrada al cambio. Sentarte, mirar hacia dentro, y sentir que hay algo que quieres cambiar, que hay sueños que se te resisten, que hay heridas que duelen, que hay una mochila enorme a tus espaldas y pensar "No se qué hacer con esto" es el momento más maravilloso del crecimiento personal, de ese crecimiento que sucede todos los días, porque es en ese momento en el que aceptas que todo puede cambiar, porque el hecho de decir NO SÉ, implica que aceptas que hay algo que se puede hacer, aunque en ese momento creas no saber lo que es.

Tengo buenas noticias: acabarás este libro sintiendo qué tienes que hacer.

En mis sesiones como coach, uno de los momentos en que siento que vale la pena dedicar toda mi energía a acompañar a quien tengo delante en su camino a descubrir una vida más plena, es cuando escucho: NO LO SÉ. Entonces sé que esa persona va a conseguirlo.
Es en ese momento, cuando decimos no sé, en el que nos rendimos y nos abrimos a las posibilidades, es en ese momento cuando descartamos todo lo que hemos hecho hasta ahora, cuando deja de ocupar un espacio para dar lugar a otro. Es cuando aceptas que todo eso está dentro de ti, y aunque sabes a donde quieres llegar, no tienes ni idea de cómo hacerlo cuando sabes que ese camino es posible, cuando abres la posibilidad a recorrer tú mismo ese camino y llegar hasta tu meta, es cuando el cambio sucede.

Despertar a nuestra realidad es hacer las paces con nosotros mismos. Saber que eso es así, dejar de culpar al mundo, a los demás, incluso a Dios de lo que nos pasa y aceptar donde estamos, lo que somos, lo que sentimos. Es despertar a nuestra verdadera realidad y asumir el poder que nos ha sido dado para hacer de nuestra vida lo que nosotros queramos que sea.

Todas esas heridas, esos dolores, ese peso enorme que cargamos a nuestras espaldas es así porque nos han enseñado que esa parte de nosotros es mala. Pero no es verdad, esa parte de nosotros somos nosotros también, la ira, el miedo, la envidia, la rabia, el juicio, la incertidumbre, la desesperación, el odio... todo eso somos nosotros también, y ESTÁ BIEN. Hemos venido a este mundo a aprender, a crecer, a sentir, y todo eso son nuestras herramientas para aprender y crecer. Sin eso, no seriamos humanos. Abrazar esa parte de nosotros y entregarla es liberación, es crecimiento y es poder.

Nahuel Ledesma, mi Diksha trainer y a la persona que le debo muchos de "mis despertares" a mi realidad, me lo explicaba muy bien, en las sesiones de meditación semanales que hacía con él hasta que se fue a vivir a Argentina. Nos decía: Nos encanta reconocer nuestro lado "bueno", que la gente vea lo exitoso que soy en cierta área, que vean lo amable que soy, lo bueno, mi capacidad de ayudar, lo bien que hago determinada tarea, cuánto quiero a alguien, qué agradecido estoy por algo. Nos encanta enseñar toda esa parte de nosotros que nos han dicho que es "buena", pero...¿qué pasa con lo que nos han dicho que es malo?. Resulta que todo eso que enseño y hago brillar para que la gente vea, lo expando, le saco brillo y lo grito a los cuatro vientos, me gusta ser reconocido y libero toda la energía que eso tiene en mí. Pero con lo que me han dicho que es malo, no hago lo mismo. No sacamos brillo al rencor, al odio, a la rabia ni al dolor, no permitimos que ese sentimiento salga a relucir, lo escondemos. Cuando aparece, lo cogemos casi al vuelo y lo metemos en una mochila enorme que llevamos cargando a las espaldas para que nadie lo vea, intentamos no verlo casi ni nosotros, y pesa, molesta, se va llenando con el paso de los años y un día, prácticamente nos tumba.

Permitirnos sentir esas supuestas "cosas malas", sentir que están en nosotros, aceptarlas, nos va a liberar.

No te digo que vayas gritando por la calle: ¡soy un canalla! ¡Hablo mal a mis compañeros de trabajo! ¡Siento envidia de mi vecino! ¡No me acepto como soy! ¡Siento que no soy capaz! ¡Siento que no merezco vivir una vida mejor! ¡No quiero ser pobre! ¡Me siento solo!

No. Te estoy hablando de SENTIRTE, de aceptar, de aceptarte, de asumir que todo esto está también dentro de ti, permitirte sentirlo, acéptalo como parte de ti, dale su lugar en tu corazón aquí y ahora, permítete sentir que eso también eres tú: ABRÁZALO y entrégarlo a la energía de la vida para que lo transforme. Eso también somos los humanos, y no hay NADA de malo en sentirlo. Porque es cuando te permites sentirlo, cuando no se acumula en tu mochila, es cuando lo aceptas, que puedes liberarlo y dejarlo ir, cuando eres capaz de andar por la vida cada vez con menos peso en ella. Y entonces tu cambio sucede, porque en ese momento, desaparece. Puedes sentir la dicha.

Para mí ha sido y es cada día un viaje a mi interior. Yo utilizo la meditación para ello. Aprender a meditar ha sido una de las herramientas que me han permitido descubrirme, conocerme, sentirme, y saber que hago yo aquí, en el más amplio sentido de la palabra. Pero cada uno encuentra su forma, no hay que volverse un yogui profesional para poder abrazar lo que somos, basta con reconocerlo y dedicarnos a nosotros mismos un tiempo cada día. Hay gente que lo hace a través del deporte, otros bailan, otros pintan, tocan un instrumento o cantan. El único requisito es estar aquí y ahora, PRESENTE, con todo lo que somos, con todo lo que es, y con todo lo que existe.

Tenemos que "ver lo que hay" para poder afrontarlo, para poder trabajarlo, para poder sanarlo y liberarnos.

Cuando eres capaz de ver que esa persona que saca lo peor de ti, te está mostrando tus puntos débiles y los ves, y los aceptas, entonces puedes aprender de ese punto débil y convertirlo en una fortaleza.

Hacer las paces con uno mismo no es más que permitir a la vida SER, permitirnos SER nosotros mismos, permitirnos aceptarnos, permitirnos merecer todo lo que anhelamos y permitirnos amarnos a nosotros mismos.

Una vez hemos hecho las paces con nosotros mismos, es hora de responsabilizarnos. De materializar el cambio. Es posible que sea capaz de ver lo que me duele, de ver que no he actuado con amor en muchos momentos, es muy probable que sea capaz de sentir cómo he juzgado a los demás sin mirar hacia dentro y señalando siempre hacia fuera buscando culpables. Pero, ¿de qué sirve si no me responsabilizo?

Si no te responsabilizas la respuesta es rápida, clara y sencilla: Todo de lo que estás huyendo volverá de nuevo a ti. ¿Por qué? porque hemos venido a este mundo a aprender, a crecer, y si no te responsabilizas y tomas acción, la vida te va a repetir la misma situación hasta que aprendas, y pases a la siguiente fase.

¿Te gustan los videojuegos? A mí me parece que la vida en realidad es muy parecida a un videojuego. Tiene sus personajes, sus herramientas, sus dificultades y sus niveles. ¿Cuándo pasas al siguiente nivel? Cuando eres capaz de aprender de todo lo que sucede en el nivel en el que estás, pasas al siguiente. ¿Qué pasa si no aprendes a superar determinada dificultad? Que te quedas en ese nivel todo el tiempo que necesites hasta superarlo.

¿Cuánto tiempo estás dispuesto a estar en el mismo nivel? Pasar al siguiente nivel en la vida es CRECER, ese es el verdadero crecimiento personal, aceptar, responsabilizarte, aprender y avanzar al siguiente nivel.

Yo no soy una gran jugadora de videojuegos, nunca me han gustado, pero recuerdo que cuando era una adolescente jugaba con un buen amigo al Super Pang durante los recreos del colegio. Y recuerdo que juntos llegamos a pasar muchas, muchas fases del juego, pero recuerdo también que pasar las primeras fases por primera vez fue mucho más complicado que completar las últimas. ¿Sabes por qué? Porque fuimos aprendiendo las reglas del juego, íbamos adquiriendo experiencia y los aprendizajes del primer nivel, y del siguiente, y del siguiente, nos iban sirviendo para los sucesivos. Con lo cual, cada nivel, aunque tenía más dificultad, conseguíamos pasarlo en menos tiempo que el anterior. ¿Qué te quiero decir con esto? Que cuando tú aceptas una situación, te responsabilizas y recoges de ella de verdad el aprendizaje que te ha venido a dar, pasas a la siguiente fase, y en esa siguiente fase es muy posible que aparezcan situaciones parecidas, incluso iguales, pero tú ya sabrás cómo se hace para no quedarte estancado en ellas. La pregunta mágica es ¿qué puedo aprender yo de esto?

"El problema del hombre no está en la bomba atómica, sino en su corazón"
Albert Einstein

7. Una mesa con tres patas. Súper Héroes.

"La felicidad empieza cuando lo que uno piensa, lo que uno dice y lo que uno hace están en armonía"
Mahatma Gandhi.

Ningún súper héroe nace siéndolo, es el camino que hace, y sus acciones, lo que le convierten en súper héroe. No tiene ningún sentido tener todo el poder del universo, si no lo utilizas, pero para ello, tienes que conocer tus poderes, desarrollarlos y utilizarlos para un buen fin.

Durante mis sesiones me encuentro muchas personas que aseguran no conocer sus talentos, sus habilidades, su vocación, y durante las mismas trabajamos para que las reconozca y pueda encontrar su propósito, pero no es de eso de lo que te hablo en este capítulo. Los talentos, la vocación, las habilidades son herramientas adicionales al poder infinito que, simplemente siendo humanos, ya tenemos. Hay unos súper poderes que sólo por el hecho de estar aquí y ahora, viviendo esta vida como seres humanos, todos y cada uno de nosotros compartimos. Es en eso en lo que debemos empoderarnos en primer lugar, es el paso fundamental para que todo lo demás se nos revele.

Hemos visto ya cómo son de poderosas nuestras creencias, como nuestras emociones determinan nuestra forma de actuar, cómo interfiere nuestro ego, y como nuestras palabras crean realidades. Todo unido genera una vibración que determina cómo es cada segundo del día que vivimos. Pues bien, con saberlo no es suficiente. Para poder poner este conocimiento a tu servicio, y que funcione, para que todo el poder que llevas dentro que te posibilita convertir tu vida en lo que tu quieres que sea, tienes que cumplir el principio de coherencia.

Las cosas sólo funcionan si lo que piensas, dices y haces están alineados y conviven en coherencia.

Cuando descubrí este principio, y miré hacia dentro, fui capaz de ver en qué áreas de mi vida me estaba limitando simplemente por no ser coherente.

Te pondré algunos ejemplos. Imagina una persona no está a gusto en su trabajo. Cada día piensa que lo que está haciendo no va con él, y todos los días repite que está harto y que quiere cambiar, pero todos los días se levanta por la mañana con esa sensación, va a trabajar, vuelve, le comenta a las personas con quien convive su deseo y necesidad de cambiar de trabajo, se acuesta y al día siguiente, lo mismo. Lo que piensa y lo que dice están en armonía, pero no lo que hace.

Imagina un mesa de tres patas, si una de ellas no está, la mesa está destinada a caerse. La mesa eres tú y las patas lo que piensas, lo que dices y lo que haces. Revisa las áreas de tu vida en las que quieres hacer cambios, o mejorar, y mira si las tres patas de la mesa están sujetándolo. Ahí podrás descubrir tus áreas a trabajar para conseguir tus objetivos.

Vuelve a la persona que quiere cambiar de empleo. Si esa persona siente realmente que quiere hacer ese cambio, se siente merecedor de él, acepta que en ese momento no está donde le gustaría, pero se responsabiliza de ello y confía en que lo conseguirá, se lo dice a sí mismo y lo verbaliza, utiliza el poder de las palabras, lo comenta con sus seres queridos, y cada día cuando vuelve a casa, trabaja en su curriculum, lo envía a las empresas donde le gustaría trabajar, lo reparte entre sus amigos, busca y se pone en contacto con las personas que le pueden ayudar a hacer el cambio, habla con otras personas que lo hicieron antes que él para que le guíen en el proceso, etc.... un día u otro el cambio de trabajo que quiere hacer, irremediablemente sucederá.

La gente exitosa es la que no se deja vencer en ese proceso, la que persevera, y sabiendo que en todos los procesos hay momentos más difíciles que otros, no pierde su rumbo, se levanta, aprende de sus errores y confía en que lo conseguirá. No conozco a ningún gran bailarín que haya nacido en la cumbre, no conozco a ningún pintor que haya sido reconocido con su primer cuadro, no conozco a ningún empresario próspero que diga que su éxito laboral le llegó sin esfuerzo, todo requiere acción por nuestra parte y es así como nos demostramos a nosotros mismos en qué medida queremos las cosas.

Cuando decidí que quería ser coach, acompañar a otras personas a realizar los cambios que quieren en su vida, guiar en el proceso de conseguir objetivos personales y superar situaciones en las que las personas se sienten estancadas, busqué a personas que podían guiarme en mi camino. Mi primera mentora fue Rut Nieves, después de leer su primer libro Cree en ti, supe que yo quería hacer lo que ella ya había hecho, la llamé, y en nuestro primer encuentro por Skype le dije: Rut, yo quiero ser coach, quiero escribir el libro que llevo sintiendo que quería escribir toda la vida, y quiero hacer talleres de crecimiento personal especialmente para mujeres. Ahí estaba mi decreto, el destino de mi camino ya estaba claro, a partir de ese momento, me tocaba confiar en mí, y demostrarlo. Ya lo tenia en mi mente, ya lo estaba diciendo, ahora sólo faltaba actuar siempre conforme a ese objetivo para que la mesa de tres patas se mantuviera.

El camino no fue fácil, hubo mil obstáculos, pero en cada uno de ellos vi la oportunidad de aprender, y seguir adelante. Tampoco fue corto, pero sabía que algún momento, todo lo que mi alma pedía se iba a materializar, porque de VERDAD lo quería y no estaba dispuesta a tirar la toalla.

Hablaremos de las tres patas de la mesa, porque es sumamente importante que cada área la desarrolles con determinadas características para que tu éxito esté garantizado.

Empezaremos por "lo que piensas". Cuando quieres conseguir algo, sea lo que sea, antes de materializarse debe ser construido en tu mente, pero desde tu alma.
Anteriormente hemos visto cómo las emociones sintonizan con una frecuencia, según la vibración que emitimos con ella. Para poder crear, hay que "escuchar" la frecuencia de tus pensamientos y fomentar alrededor de ellos las vibraciones altas, para sintonizar con la frecuencia que queremos.

Cuando de verdad quieres algo, hay dentro de ti una vibración que te hace de motor, que te hace sentir diferente con respecto a otras cosas. Cuando de verdad queremos algo, esa vibración aparece. Es un entusiasmo, un poder, una energía que nos dice, ¡aquí sí!. Es nuestra alma dándole el beneplácito a nuestros deseos, a nuestros propósitos, es nuestra alma diciéndonos "me has escuchado", y celebrándolo.

Para poder crear la vida que quieres, tus pensamientos tienen que estar orientados hacia esa vibración en todo momento, pase lo que pase, y suponga el tiempo que suponga. Es evidente que aparecerán obstáculos, pero para superarlos tenemos las otras dos patas.

Eso es crear desde "lo que piensas", ahora vamos a profundizar en "lo que dices". En capítulos anteriores ya hemos visto el poder infinito de la palabra, cómo cada palabra es un decreto, es un boomerang que lanzamos al universo y que nos viene devuelto con la misma intención y más fuerza con la que lo lanzamos. Es sumamente importante decirnos: SÍ.

Crear alrededor de nuestro objetivo un dialogo acorde con lo que pensamos es sumamente importante. Hay mucha gente, por ejemplo, que piensa y sabe que fumar es malo, pero defiende ante los demás que fumar es un acto social, que fumar le permite desconectar, que le quema estrés, que le quita el hambre y si deja de fumar engorda, etc.., evidentemente mientras se repita estas frases a sí mismo, y las defienda verbalizándolas en cualquier conversación sobre el tema, aunque sepa positivamente que fumar es malo, difícilmente logrará dejar de fumar.

Si por ejemplo sabes que tu relación de pareja está deteriorada, pero en el fondo de tu alma sabes que sigues queriendo a esa persona, es mucho más probable que consigas arreglar la situación si tu dialogo interior y tus conversaciones sobre el tema van enfocadas a lo positivo de vuestra relación, lo que sí te gusta de su personalidad, y de sus actos, que si te enfocas en los negativo. Háblate a ti mismo desde el amor a tu objetivo, háblate desde el amor hacia tus sueños, háblate desde el amor a esa vibración que te produce sentir que lo has conseguido, y verás como las palabras, salen solas y llenas de amor. Una palabra cargada de amor es un camino seguro hacia el éxito, siempre.

Ahora vamos a por la tercera pata de la mesa: Lo que haces.

Cuando tu tienes un objetivo o quieres cambiar una situación es imprescindible que tus acciones estén en coherencia con lo que piensas y con lo que dices.

Imagínate que una persona quiere estudiar una carrera. Piensa positivamente que quiere hacerlo, le gusta la materia, sabe que le puede dar un empujón a su vida laboral, siente que esa titulación le va a aportar posibilidades de futuro. Está decidido a hacerlo. Se dice a sí mismo que puede hacerlo, que es capaz, lo comenta con sus personas cercanas, y viendo su entusiasmo le apoyan en su objetivo. Consigue el dinero que necesita, se matricula, y se pone una fecha de inicio y una fecha de finalización como objetivo, pero cuando empieza hay materias que le gustan más y materias que le gustan menos, a las que le gustan más le pone empeño, pero las otras las va dejando más de lado. Empieza a conocer gente nueva y hacen planes juntos, el tiempo que debería dedicar a estudiar para conseguir su objetivo lo dedica a otras actividades. ¿Crees que esta persona acabará la carrera y conseguirá todos los objetivos que había creado en su mente? ¿Por qué? Porque lo que ha pensado, lo que ha dicho y lo que ha hecho no estaba en coherencia.

Es posible que una de las tres patas te cueste más que las otras dos, en ese caso, persevera y utiliza las otras dos patas para darle soporte a la que "está más floja". Eso se consigue estando presente, ¿te acuerdas del "haz lo que haces" de la Hermana San Guillermo? Eso es la solución. Yo utilizo las palabras: "Ahora, pausa".

Para mí "Ahora, pausa" es una manera sencilla de devolverme al presente y a mi "SER" con objetivos e ilusiones. Cuando detecto que mi mente me la está jugando, o que mis palabras no están trabajando a favor de mis objetivos, le hablo a mi mente y le digo "Ahora, pausa", y entonces esa orden sí que la cumple, porque se siente útil, y me permite hacer el cambio de pensamiento.

Parar la mente es un asunto complicado, porque como hemos visto en capítulos anteriores, ella funciona por sí sola, de manera automática y sin descanso, y lo hace para su propia supervivencia. Pero, también hemos visto que somos capaces de ver a nuestro "observador", es decir observar a nuestra mente. Cuando nos dejamos llevar por el Ego, en lugar de por nuestra alma, las patas de la mesa se debilitan, por eso, es importante tener al observador alerta, y cuando detectes que una de las tres patas está resintiéndose por una situación en las que tus pensamientos, tus emociones, tus palabras o tus actos no están yendo acorde con tu objetivo, saca a tu observador a relucir y dile a tu mente: "Ahora, pausa".

Cuando empecé a utilizar este recurso, después del "Ahora, pausa", le hacía a mi mente que se concentrara en la respiración. Lo sigo haciendo en situaciones difíciles. Inhalo y exhalo el tiempo necesario para acallar el ruido de mi mente, y la concentro únicamente en mi respiración, controlo mi respiración conscientemente, y sólo le permito a mi mente preocuparse de eso.

Verás que si utilizas esta técnica, poco a poco el cambio de pensamiento se irá haciendo cada vez más automático, y llegará un momento en que el momento de la detección y el cambio serán prácticamente instantáneos, y con el tiempo, irás "educando" a tu ego en cómo a ti te hace feliz que actúe, irá trabajando más a tu favor, hasta que llegues a un punto en que el momento de ausencia de ruido en tu mente, cada vez se alargue más y tu estar presente será cada vez más habitual en ti. Es una cuestión de poner consciencia en lo que pasa dentro de ti.

> *"El para siempre está compuesto de muchos ahoras"*
> **Emily Dickinson**

8. Esta es mi intención.
El valor de la integridad.

"La intención es el verdadero poder detrás del deseo"
Deepak Chopra.

Detrás de nuestros objetivos normalmente lo que hay son deseos, pero lo que realmente determina que un deseo se cumpla o no, no es simplemente el formular el deseo y hacer todo lo que se supone que tenemos que hacer para conseguirlo. Para que los deseos se cumplan y nos satisfaga haberlos conseguido, nos sintamos plenos al tenerlos, deben estar sustentados, sostenidos y amparados por una intención.

La intención no es igual al deseo, la intención es mucho más poderosa, se transforma en lo que realmente quieres, te posee, te mueve, te levanta, porque la intención es DESEO MÁS PASIÓN.

La intención es lo que nos mueve a materializar nuestros deseos, y si la intención que te mueve es íntegra, los resultados que conseguirás serán íntegros y además, las posibilidades de que lo consigas aumentan de manera muy notable, porque hay de verdad un motor que te mueve hacia tu deseo.

Siempre que tengas un deseo, revisa la intención desde donde nace. ¿Es tu ego o es tu alma quien te lo pide? Cuando un deseo está originado en mostrar algo a alguien, en demostrar algo a los demás, en una comparación, en un juicio, cuando un deseo surge de lo que yo llamo una vibración baja, entonces es simplemente un deseo de tu ego, y no cumple los requisitos para materializarse. Para que un deseo se materialice y brille, tiene que surgir desde tu alma, venir desde una vibración alta. La raíz de ese deseo tiene que ser íntegra, estar en armonía con lo que te rodea, tener una intención noble y ser benevolente. ¿Con quién? Fundamentalmente contigo mismo, con tu alma.

Si un deseo está sustentado desde la integridad, desde el alma, desde la benevolencia contigo mismo y con todo lo que te rodea y en armonía con el universo y la conciencia colectiva, entonces tu deseo tiene una intención que vibra en armonía con lo que eres y las posibilidades de que se materialice se multiplican.

Los deseos no pueden venir de la comparación, del creerse más, de alimentar a tu ego. Los deseos que vienen del juicio, del odio, la venganza, la comparación, terminan estando vacíos, y aunque los consiguieras, seguirías estando insatisfecho, porque sólo tu ego estaría conforme, tu alma se sentiría vacía.

Para tener un deseo firme y marcarte unos objetivos claros, te propongo que revises la raíz de esos deseos, la intención. Para ello es útil hacerte una serie de preguntas:

¿Por qué necesito esto que deseo?
¿Cuál es el origen?
¿Es suficientemente poderoso para estar dispuesto a superar todos los obstáculos que me presente el intentarlo? En las respuestas a estas preguntas hallarás mucha información.

Y, ¿qué pasa si descubrimos que nuestros deseos no tienen detrás intenciones? Entonces nuestra mente busca sus propias intenciones para sentirse útil y nos domina. Creamos deseos desde el ego que posiblemente no nos lleven a más que a frustraciones y desánimo.

Es importante escucharnos, sentirnos, notar ese motor que es puro amor, la celebración de nuestra alma cuando la escuchamos y hacemos lo que nos hace vibrar.

Esto lo he sentido claramente cuando he empezado a escribir este libro. Desde pequeña he escrito, recuerdo que en el colegio siempre me elegían para todo lo relacionado con la literatura, escribir un cuento o leer una poesía. Cuando fui creciendo mantenía un diario de mis vivencias, y escribía cartas, algunas nunca las entregué, y relatos cortos, cuando era adolescente participaba de un taller de literatura en el que podía pasar horas, y después, estudié periodismo porque quería hacer entrevistas y escribir. Hasta que llegué a la edad adulta, siempre escribí para mi. Pero cuando llegué al mundo laboral, ahora viéndolo desde la distancia, me doy cuenta de que abandoné mis deseos reales y me dejé llevar por todo lo que el entorno me decía que me llevaría al éxito, por lo que durante la carrera te inculcaban que tenía más oportunidades, por lo que decían los estudios sobre salidas laborales, por todas las influencias mediáticas y por mi ego. Y olvidé ponerme a escribir. Me decía a mi misma mil escusas de por qué no escribía, me justificaba, cuando en lo más profundo de mí había unas ganas locas de ponerme delante de un papel en blanco, pero me sentía incapaz.

Durante mi proceso de auto descubrimiento y de estudio del mundo del coaching y el crecimiento personal, fue cuando decidí empezar a escribir este libro, cuando sentí el deseo real de hacerlo, entonces, revisé la intención por la que lo quería hacer.

La primera intención era permitirme a mí misma hacer lo que me gusta, vibrar. Y la segunda intención era poner a disposición de todo el que lo leyera lo que a mí me había costado años de lecturas, cursos, masters, retiros y análisis de mí misma descubrir, para entender por qué sufrimos los humanos, muchas veces sin necesidad, y desatar el poder que hay en nosotros para hacer nuestros sueños realidad. Si esas letras hacían solamente un poquito más feliz a una sola persona, o le servían para tomar la determinación de perseguir sus sueños y creer en sí mismo para conseguirlo, si había una sola persona en el mundo a la que mi libro le hubiera aportado algo positivo, entonces todas las horas de estudio, todas las horas de dedicación y toda la pasión que pongo en ello, habría valido la pena.

Y entonces empecé a escribir. Tengo que reconocer que al principio mi mente me puso obstáculos, tuve miedo. Me daba miedo exponerme, porque sabía que mi libro iba a llevar mucho de mí, me daba miedo no escribir un gran libro, me daba miedo no ser capaz, y mientras esos miedos estuvieron ahí el libro estuvo estancado. Poco a poco fui trabajándome esas áreas y un día la fuerza se apoderó de mí, y me di cuenta de que todos esos miedos estaban infundados, que mi alma quería escribir, y que en ella no había ningún miedo, me liberé de los juicios, de las comparaciones, y me puse a escribir desde el alma. No necesitaba hacer nada perfecto. Sólo quería SER, y hacer lo que he venido a hacer a este mundo: dar amor, y una de mis maneras de dar amor es escribir. Eso ya hacía al libro perfecto.

No te puedes imaginar lo que estoy sintiendo, es un poder que me sobrepasa, estaría todo el día sentada haciendo esto, se me olvidan las horas y el mundo, vibro con cada palabra, con cada letra, me siento plenamente feliz, estoy entusiasmada. No me importa si este libro no es perfecto para el resto del mundo, ni siquiera si no es perfecto para mi ego, este libro me está haciendo vibrar a cada segundo, y sólo por eso ya vale la pena. Y desde ese sentimiento, desde esa emoción, las palabras salen solas. Desde el momento que decreté que este libro iba a salir a la luz, no puedo parar de escribir y aquí y ahora, escribiendo, soy inmensamente feliz porque sé que es mi alma quien escribe, y sé que tiene puesto en él todo el amor del universo. Ojala, querido lector, lo estés recibiendo así.

Es muy posible que tengas un deseo claro, con una intención íntegra detrás, y sin embargo, no se esté materializando. ¿Por qué? Te puedo garantizar que la vida, el universo, tu alma, y todo lo que te rodea está trabajando para que ese deseo tuyo se cumpla. Pero, ¿estás tú pasando a la acción? ¿Estás realmente haciendo todo lo que puedes poner de tu parte para que se cumpla?

Lo primero que tienes que hacer es revisar qué te está frenando, qué tienes que sanar para sentirte pleno, descúbrelo, trabájalo, pide ayuda a quien pueda dártela, busca quien haya superado sus miedos y haya conseguido hacer sus sueños realidad antes que tú, y pídele que te guie, márcate una hoja de ruta. Cree en ti y ¡aplícate!

A todos los sueños hay que darles dedicación. Planifica tu ruta y marca tu destino. Libérate del miedo, del juicio, la culpa, el merecimiento, y lánzate a por lo que quieres, a por la vida que quieres vivir, sin adjetivos. Haz una línea recta hacia tus sueños, y de cada obstáculo que aparezca, aprende y sigue, no desistas. En esta vida no hay errores, sólo hay aprendizaje. Cada uno de los obstáculos que se nos vienen encima en el camino no es más que un maestro, algo de lo que aprender, forma parte del camino hacia tu objetivo, si aparece es porque tienes que llegar con esa lección aprendida. ¿Te acuerdas de nuestros videojuegos? ¡Vamos a por el siguiente nivel!
Unas veces se gana y otras SE APRENDE.

No hay nada que pueda impedir que llegues a tu meta. Siempre hay quien califica de imposible las cosas, hasta que llega quien lo consigue y demuestra que SÍ era posible. Los límites están en la mente, no existen. Yo estoy plenamente convencida de que, ese que puede lograr lo imposible, eres tú.

"Tanto si crees que puedes, como si crees que no puedes, estás en lo cierto"
Henry Ford

9. Ábrete a las oportunidades. Explora tus apegos.

"El amor exige libertad, exige desapego de todo afecto mundano"
Tomás de Kempis.

En la naturaleza, sólo el hombre no acepta bien el cambio y la separación. Es nuestra mente quien crea una dicotomía entre lo que es y lo que uno cree que debe ser, y cuando nos encontramos en esa situación, se crean estados de angustia. El apego no es más que una forma de miedo: si no hay miedo, no hay apego.

El apego es una forma de querer controlar algo, aferrarnos a ello, querer mantenerlo, simplemente por el miedo de qué pasará si no lo tengo.

Nos pasa muchas veces que nos aferramos a cosas y a personas, y a pesar de no sentirnos bien teniéndolas o estando a su lado, somos incapaces de alejarnos o deshacernos de ello.

El apego nos hace perder poder, nos hace perder el punto de equilibrio interno y de autonomía, cuando en realidad es simplemente una dependencia emocional a un sentimiento, un miedo a qué pasará si no lo siento así. Si no conseguimos nuestro objeto de apego, origina infelicidad, pero si lo conseguimos, nos genera un minuto de placer seguido por el temor a perderlo. Nuestra mente nos hace prisioneros en una cárcel de miedo e inseguridad haciéndote creer que no eres capaz de ser feliz sin determinada cosa o determinada persona. Y nada más lejos de la realidad. Depender de algo o de alguien para ser feliz hace que tu esencia se pudra, porque es tu mente engañando a tu alma y condicionándote por creencias, por limitaciones que realmente no existen, son simplemente una creación de nuestra mente.

No nos apegamos solamente a personas, nos apegamos a cosas, a recuerdos, a ideas, a lugares, a maneras de hacer las cosas. El apego es quedarte con algo, la solución está en ver qué pasa si te quedas sin ello.

Reconocer nuestros apegos es una de las maneras más efectivas para avanzar hacia la libertad, la tranquilidad y la paz interior. Los vínculos obsesivos que generamos, te llevan a creer que tu vida no te da felicidad si no estás en contacto permanente con ese apego.

Cuando eres incapaz de renunciar a un deseo, a algo que te hace daño, a algo o a alguien que te impide ser emocionalmente independiente, entonces tienes un apego.

La realidad es que el verdadero amor está basado en el desapego. La persona desapegada es capaz de disfrutar las cosas sin necesitarlas, es capaz de vivirla con pasión sin creer que es dueño de lo que le hace feliz, no necesita desesperadamente nada. Puede fluir con su vida, trabajar, relacionarse, hacer actividades sin ningún problema, sin ruido en su mente.

La pasión por la que luchas por tus metas, por tus objetivos, tiene que ser armoniosa, contigo mismo y con todo lo que te rodea, sabes que es así porque no te afecta, no estás preocupado, no te hace daño, no te enferma.

Cuando la pasión con la que vives algo es desesperada, no tienes control sobre ella, es alocada, te da preocupaciones, te deja muchas veces estancado y no te satisface, entonces esa pasión no es armoniosa, es un miedo que se esconde tras un apego.

Haz un ejercicio de reflexión: ¿Cómo es de fácil o difícil para ti regalar las cosas que ya no usas? ¿Eres de los que tiene el armario lleno de ropa de hace 10 temporadas? ¿O al finalizar cada estación te deshaces de lo que no has utilizado?. Cuándo vas a un restaurante, ¿te resulta fácil probar nuevos sabores, nuevos platos? o ¿más bien comes casi lo mismo en cada lugar? ¿Cómo eres de innovador en los destinos de tus vacaciones? ¿Eres fiel a un estilo de ropa? ¿Tienes un circulo cerrado de amigos? ¿O te abres a conocer gente continuamente? ¿Cómo llevas si un buen amigo se muda de ciudad y dejas de verle? ¿Cómo llevarías que tu hijo marche por una larga temporada a vivir al extranjero? ¿Te sientes cómodo delegando responsabilidades? ¿En qué medida un divorcio o la pérdida de un ser querido puede marcar tu vida? ¿Cómo gestionas la soledad?

Tómate unos minutos para analizar estos aspectos sobre ti mismo, en la medida en que tu felicidad depende de lo que te rodea, tu vida está limitada por los apegos.

Que todos tenemos apegos, es una realidad, pero ¿cómo nos deshacemos de ellos? ¿Cómo detecto el miedo y la creencia que hay detrás de ese apego y me libero? Dejar ir es uno de los ejercicios más sanadores que hay.

Para aligerar nuestra vida, debemos soltar, para recibir cosas nuevas necesitamos soltar las viejas, dejarlas ir.

Los apegos no son más que otra cara del miedo, otro escondite para nuestras creencias que guardamos en el subconsciente. Reconocer nuestros apegos nos va a permitir conocernos, reconocernos y liberarnos, nos va a permitir avanzar, dar y recibir verdadero amor, tener relaciones sanas.

Cuando reconocemos un apego debemos preguntarnos ¿cuál es el miedo que está detrás de este apego?.

Imagínate que estás apegado a una persona, ¿qué pasaría si esa persona dejase de estar en tu vida? Esa energía que aparece en el momento en que te pones en esa situación es la que tienes que observar. Eso que se mueve dentro es tu miedo. Obsérvalo, caza cúal es la creencia limitante que está generando ese miedo y ese apego. Te vas a dar cuenta que todo lo que hay detrás son creencias limitantes, tus pensamientos te están limitando, estás sacando conclusiones con programas que vienen de tu subconsciente, te estas anticipando y obteniendo conclusiones desde creencias instaladas en tu mente, que de manera inconsciente limitan tu capacidad de acción.

La parte importante de este ejercicio es la capacidad de verte en otros escenarios y ver qué surge, abrirte a nuevas posibilidades, a nuevas oportunidades. Si te observas vas a ver que en realidad, nada de eso existe, es simplemente un juego de tu mente. Cuando eres consciente de esto, cuando eres capaz de ver como tu mente te condiciona, abres la posibilidad de abrirte a nuevas opciones, te das la oportunidad de poder resolver situaciones con otra respuesta, con otra acción, te das libertad de acción y puedes ser más creativo y más eficiente en tus resultados a la hora de gestionar tus emociones, porque el miedo se esfuma.

Comprender que los apegos no son hechos reales, que son una fantasía creada por nuestra mente, por nuestras creencias, nos permite que automáticamente se desvanezcan. En el momento que ves el absurdo de por qué nos apegamos a las cosas, a las personas, a las situaciones o a los deseos, las creencias y los miedos se desinflan. En realidad nuestra condición natural es amar estando tranquilos, en paz, presentes, felices. Es la mente quien nos aleja en su no parar, de este estado de paz y tranquilidad, de ser felices.

Esto nos sucede porque nos han enseñado a buscar fuera la fuente de nuestra felicidad. Nos han dicho y nos dicen continuamente, que teniendo determinado coche, determinado puesto de trabajo, determinado tipo de vacaciones o determinado tipo de relación vamos a ser felices y eso es completamente falso.

La manera de ganarle la batalla a los apegos es renunciar a ellos.

Hay una forma fácil de saber si lo que sientes es un apego o es un amor que te hace libre, y es discernir si el placer que te da el objeto del apego en cuestión, viene desde tu mente, o es un placer que viene desde tu alma. Los placeres que vienen del alma, son amor, no son apegos. Los puedes diferenciar poniéndote en comparación situaciones que al mismo nivel te llevan a un mismo placer, pero la emoción con la que se vive cada uno de ellos es diferente. El apego te hace dependiente, te hace sufrir, te hace obsesionarte, crea necesidad, te desestabiliza, sin embargo el amor te hace libre y da libertad, aligera tu camino, te hace sentir plenitud y paz interior.

Una buena herramienta para identificar tus apegos es hacer una lista de los objetos, las personas, las situaciones y los deseos a los que te sientes apegado emocionalmente, y reflexionar sobre qué necesidades está cubriendo en ti. Reflexiona también sobre la primera vez que creíste que no tenias esa necesidad cubierta, y pensar si hoy en día, realmente lo necesitas para cubrir tus necesidades.

Una vez hecha esta reflexión, haz una nueva lista identificando acciones que puedes realizar tú mismo para cubrir esas necesidades, de manera que no necesites de lo exterior para alcanzarlas, sino de tu interior, siendo tú mismo.

Verás que dentro de ti hay un sinfín de recursos basados en lo que realmente nos da la felicidad, que es ser nosotros mismos, amarnos incondicionalmente y creer en nosotros. Cuando tu gestión emocional está basada en amarte a ti mismo de manera incondicional, en quererte, sentirte merecedor de la felicidad, cuando eres capaz de perdonarte y liberarte de la culpa, no juzgarte, entonces eres capaz de conseguir lo que tu alma te pide, entonces eres capaz de amar también de manera sana a los demás, tener relaciones basadas en la libertad, eres capaz de no juzgar y vivir en base a las necesidades reales de tu alma, no de tu mente.

Amar es permitir a cada momento que la vida suceda y fluir con ella, sin juicios, sin condicionamientos, desde el amor que no exige, que no ata, no te enreda.

Recuerdo que cuando conocí a quien ahora es mi marido, y empezamos nuestra relación, una de las emociones que sentía era paz, tranquilidad. Me daba muchísima estabilidad y recuerdo que afirmaba: "me he enamorado de él porque me puedo ir cada noche a dormir sin ninguna preocupación". Eso es amor, amor de verdad. El amor que te deja fluir, con quien puedes disfrutar, a quien no tienes que tener controlado en todo momento, ni te controla, el que confía plenamente, y quien cuando tú pierdes tu punto de equilibrio, sabe simplemente estar a tu lado para que lo recuperes. ¿Sabes cuando llegó a mí ese amor? Cuando supe quererme a mí misma de verdad, cuando me dejé fluir, me permití ser yo misma, exponerme, cuando me acepté y permití quererme tal y como era, cuando dejé de tenerlo todo bajo control, cuando confié plenamente en mi y supe encontrar mi punto de equilibrio, siendo simplemente yo. Cuando aprendí a ser feliz conmigo misma, apareció con quien de verdad podía ser feliz. A lo largo de los años hemos pasado por muchas situaciones, y evidentemente no todas han sido un camino de rosas, pero cuando el viento soplaba fuerte, las raíces de nuestro árbol y un tronco bien asentado hicieron que aunque volaran las hojas, nuestro árbol siguiera en pie.

Cuando las relaciones con los demás y con lo que nos rodean están basadas en amor de verdad, nada puede con ellas, la relación puede cambiar, la vida fluye y las relaciones tienen que fluir con ella, pero si la base sobre la que están sustentadas es amor, no es apego, si lo que sostiene ese amor es real, la relación podrá cambiar, incluso de fórmula, pero esa base hará que siempre sea fuerte.

Hay mucha gente apegada a un estilo de vida. La generación de nuestros abuelos, y si me apuras de nuestros padres, han vivido apegados a una forma de entender la vida heredada, a la creencia de que las relaciones tenían que ser para toda la vida. ¿Sabes cuánta gente hoy en día, con esa creencia heredada mantiene relaciones que no se sostienen, simplemente por apego? Cuando te hablo de relaciones basadas en el amor, te hablo de relaciones que pueden cambiar de formula sin que ello conlleve sufrimiento, matrimonios que se rompen como matrimonios pero que permanecen unidos como padres o como amigos, y le ponen todo el amor a la nueva fórmula de su relación, amigos que se alejan físicamente pero que en la distancia su relación se fortalece, padres e hijos con creencias diferentes que aceptan la vida como viene y permiten mutuamente que el otro sea feliz y fluya con la vida que ha elegido. Eso es amor, el amor es libertad, es una elección de felicidad que se toma a cada instante.

El trabajar el desapego te da libertad. Para mí el momento más difícil de mi relación de pareja fue la oportunidad de oro para descubrirme. Fue cuando me encontré de frente con mis miedos, con mis creencias limitantes, con mis apegos. Me estampé contra el sufrimiento, pero fue entonces cuando vi mis miedos más profundos, y pude descubrirme a mí misma. Realmente me he dado cuenta que es ahora cuando sé quién soy, ahora que reconozco mis miedos y mis creencias limitantes, ahora que tengo herramientas para verlas, para abrazarlas, para cambiarlas y para entregarlas. Antes no me conocía como me conozco hoy, y eso me da mucho poder sobre mi gestión emocional y sobre mi felicidad. Estoy inmensamente agradecida por este aprendizaje y por las personas que la vida ha puesto en mi camino para hacerlo.

La gran oportunidad que te da reconocer tus miedos es superarlos, por eso creo que es muy importante dejar de ponerle etiquetas a las emociones, porque como humanos las emociones no se pueden controlar, forman parte de nuestra naturaleza, y ante el miedo que sentimos, ante determinadas emociones que tenemos etiquetadas como negativas, tendemos a evitarlas, a auto engañarnos, reprimirnos o luchar contra ellas sin permitirnos sentirlas. Como ya hablamos en capítulos anteriores, nos las metemos en la mochila y cargamos con ellas, hasta que la mochila nos tumba por el peso.

Al etiquetar las emociones, también lo hacemos en el sentido contrario, las etiquetamos como buenas, y entonces, generamos el apego. Como a mi mente esta emoción le satisface, quiere más.

Si le quitamos la etiqueta a las emociones, reconociendo que son inevitables y que forman parte de nuestro ser, como humanos, lo que nos queda es la oportunidad de gestionarlas. Saber hacer una gestión emocional efectiva nos va a abrir las puertas de las oportunidades, del desapego y de nuestra capacidad de acción. Nos va a hacer más libres.

Por ello lo primero que podemos hacer para que esas emociones no nos condicionen nuestra felicidad es reconocerlas y permitirnos sentirlas, aceptar que somos seres emocionales. Es una tarea de auto observación, de mirarnos a los ojos con amor y decir, sí, esto también soy yo, y lo acepto. La aceptación es la puerta grande al cambio, es donde se encuentran las soluciones, los nuevos caminos, las alternativas.

Si haces una observación activa de tus emociones, verás que nuestro cuerpo físico reacciona tanto ante las emociones positivas como ante las negativas. Observarlo nos va a dar una información de mucho valor para nuestra propia gestión emocional. Nos resulta muy fácil hacerlo con las emociones que tenemos etiquetadas como positivas, por ejemplo sentirte enamorado. Recuerdo la primera vez que me enamoré, cada vez que aparecía la persona de quien me había enamorado, mi corazón latía tan fuerte que me daba hasta miedo que se notara el movimiento en mi ropa, era tan potente y tan involuntario que me fascinaba, me ponía la mano en el pecho y disfrutaba de ese latido, sentía mi cuerpo diciendo te quiero. Cuando la emoción la tenemos etiquetada de positiva, esa observación la hacemos casi de manera natural, y la disfrutamos.

Tu cuerpo físico también te habla de tus miedos, y a cada uno de ellos reaccionas de manera diferente. Hay personas a quien se les hace un nudo en el estomago, otras sudan, a otras personas les duele la barriga, se les corta la voz o cambian su postura corporal, para cada persona hay una reacción corporal diferente a cada una de las emociones. La energía que nos mueve se expresa de una forma diferente en cada cuerpo, haz un análisis de cómo reacciona tu cuerpo ante las emociones, esto te va a dar una información muy útil para poder identificarlas, aceptarlas y gestionarlas.

Cuando detectas la emoción, y aceptas que la tienes, cuando ya la tienes localizada y la quieres entregar y no quedarte estancada en ella, una forma efectiva de hacerlo es ridiculizarla, le puedes poner una forma física que a ti te resulte relevante, por ejemplo, los leones. Cuando tu eres consciente de que las emociones son inherentes a los humanos, y eres capaz de aceptarlas, entonces puedes observar como a partir de la emoción empieza a trabajar tu mente para crear el miedo. Es ahí cuando puedes ridiculizarla, le puedes decir "ya está ahí el león", o ponerle forma de buitre, de hipopótamo, de cocodrilo o cualquier otra forma que para ti sea relevante y te sirva para, en lugar de permitir a tu mente seguir con el diálogo interno del miedo, los típicos "no puedo", "yo no soy capaz de esto", "a mi esto no me puede pasar otra vez", todos esos diálogos internos que nos hacen entrar en bucle y retroalimentan nuestros miedos, que te hace estancarte. Dale la tarea a tu mente de identificarlo y que le ponga un nombre, ridiculizarlo. De esa manera conseguiremos no darle nuestra atención a la retroalimentación sino a la ridiculización del miedo, nos saltamos el obstáculo y la dejamos ir. En ese momento estaremos haciendo una gestión emocional efectiva e inmediata que nos permitirá no quedarnos paralizados y lo más importante no darle poder a los apegos y abrirnos a nuevas posibilidades, a otras soluciones y oportunidades. A seguir hacia delante.

Estas prácticas que te propongo, explicadas parecen un proceso muy largo, pero en realidad es cuestión de un minuto, incluso de segundos cuando las llevas a la práctica, y con el tiempo, de alguna manera adiestras a tu mente a hacer las cosas de determinada manera y ya no tienes que prestarle atención, se convertirá en una manera de hacer las cosas, y conseguirás hacer una gestión emocional más efectiva y rápida.

Haciendo una buena gestión emocional, puedes sacar provecho a esas emociones, sobre todo a las que tenemos etiquetadas como negativas, practicando el desapego vas a conseguir tus objetivos con más facilidad, porque vas a renunciar al interés por el resultado, vas a abrir las posibilidades a la creatividad, a la flexibilidad y a las oportunidades.

El desapego aumenta las posibilidades de la evolución porque no forzamos las soluciones, dejamos que fluya y nos abrimos a una gama de posibilidades que mantendrá viva la capacidad de ver en cada obstáculo un aprendizaje, de pasar a la acción con un abanico de posibilidades mucho más amplio, y sobre todo, que nuestra felicidad esté basada en el amor, a nosotros mismos, a los que nos rodean, a lo que hacemos, a cómo actuamos, a cómo pensamos, y a la vida, la energía que nos rodea, el universo, Dios.... o como tú quieras llamarlo, en definitiva amar todo lo que es, y permitir que la vida fluya.

"La libertad no consiste en tener un buen amo, sino en no tenerlo"
Cicerón

10. Rompe las cadenas. Pasa a la acción.

"La visión sin acción es un sueño. Acción sin visión es simplemente pasar el tiempo. Acción con visión es hacer una diferencia positiva."
Jack Welch.

¿Podemos vivir una vida sin sentido? ¿Podemos disfrutar una vida que no vivimos intensamente? ¿Podemos ser felices encadenados a las costumbres, presos de nuestra propia vida? Los seres humanos por naturaleza necesitamos evolucionar. Hemos venido a este mundo a ser libres, a crecer, a elevar nuestro nivel de consciencia, a cumplir nuestro propósito de vida, pero en muchas ocasiones, nuestra vida se estanca, se queda parada, estática. Mismo día, misma hora, mismo trabajo, mismas amistades, mismos pasatiempos, mismos problemas, mismas relaciones. Cuando nuestra alma se encuentra en esa situación, se siente sobreviviendo, no viviendo, porque hay una falta de sincronización entre lo que hemos venido a hacer, y lo que estamos haciendo.

Hemos venido a desarrollarnos como personas, a aprender, a crecer, a amar en libertad. Y cuando nos encontramos con carencia de alguna de estas cosas, el sufrimiento es inevitable, porque no estamos cumpliendo nuestro propósito de vida.

Nos hemos acostumbrado a vivir en vidas en las que nos sentimos en una cárcel, presos de lo que hemos montado buscando una felicidad que al estar fuera no existe. En mis sesiones de coaching veo todos los días a personas acomodadas, con un trabajo estable y un puesto de responsabilidad bien remunerado, que se sienten en una cárcel. Yo misma me he sentido así, he llorado por sentirme presa de un trabajo que no me llenaba, me aportaba dinero, en ocasiones mucho dinero, pero me sentía vacía. Hay otras cárceles de oro, relaciones personales que tienen una estabilidad económica, una estructura montada, pero que en realidad, lo que queda ya es el apego a esa situación de estabilidad, pero no hay amor. Antiguos amores a los que te apegas y no te dejan disfrutar de tus relaciones de pareja al cien por cien. Cárceles sentimentales creadas al darle poder a alguien que un día te dijo que no eras capaz, que no te lo merecías, que no valías, y te lo creíste. Cárceles de creencias que te decían que las cosas tenían que ser de determinada manera. Cárceles de roles que asumimos y que nos hacen sentirnos insatisfechos. ¡Rompe las cadenas!.

Recuerdo en mí muy claramente esta sensación. Hubo un momento, que yo misma me eché tantas cosas a la espalda que no era capaz de sentirme satisfecha al cien por cien con nada. Era madre, hija, trabajadora, hermana, esposa, amiga, era muchas cosas durante el día, y sin embargo, no sentía tener tiempo para ser yo, para dedicarme a ser simplemente Natalia, para sentirme a mí misma. Sentía que no hacía nada bien al 100%, me sentía insatisfecha, y escuchaba elogios continuamente, "puedes con todo", "hija, qué capacidad" "eres la súper mami"…ahí llegó lo que los místicos, en su camino para encontrarse con Dios, llaman la noche oscura del alma, llegó la noche oscura de mi alma. Un periodo de confusión, de tristeza, de miedo y de soledad. Muchos de nosotros, aunque no seamos místicos, podemos ver en nosotros ese espacio de dudas y de incertidumbre que se crea cuando sentimos la necesidad de apartarnos de lo que en ese momento es nuestra identidad, hay que estar alerta, porque es en ese momento, cuando nuestra mente nos quiere acribillar con mensajes de desesperanza, de juicios, de resentimientos, es ahí cuando más confusos nos sentimos, cuando no podemos dejarnos llevar por nuestra mente, es cuando tenemos que escuchar con atención el pequeño susurro de nuestra alma, porque es tras esa zona de desasosiego donde se encuentra el cambio, donde se encuentra el GRAN CAMBIO. Tenemos que elegir: ¿quieres vivir desde el miedo, desde la inseguridad, desde las sombras, o quieres vivir desde la confianza y desde el amor?.

El amor, la confianza, el quererte a ti mismo y darte la oportunidad, el abrir tu mente y apostar por ti mismo hace salir tus recursos a la luz, te empoderan y te dan capacidad para ver muchas cosas de ti mismo que nunca habías visto. Ponerte al servicio de la vida, ocupar el espacio que hemos venido a ocupar es salir de la zona de confort. Estar en una cárcel física te hace ver físicamente las murallas que te encierran, le da la certeza a tu mente de estar encerrado. Las cárceles de la mente son transparentes a los ojos de quienes las ocupan, y eso le da a tu mente el poder de hacerte dudar, de no sentir esa fuerza interior infinita que te haga derribar ese muro para poder salir a la vida. El tirar esa muralla no depende de nada físico, depende ti. Depende de ti ver el muro y querer derribarlo, aunque no sepas que hay detrás de la pared de una cárcel, sea lo que sea que haya detrás de un muro que te tiene atrapado, siempre hay lo mismo: LIBERTAD.

Romper las cadenas que nos atan a la cárcel de la mente es lo que nos da la verdadera libertad. Cuando despiertas a esta realidad, abres el camino del despertar de la consciencia, que no hará que el ego desaparezca, pero si lo irá desvaneciendo poco a poco. La luz irá desvaneciendo a la sombra.

Cuando nos encontramos en la noche oscura del alma, cuando estamos en ese momento en que nos hemos dado cuenta que somos una mariposa dentro de una crisálida, y que si queremos vivir tenemos que romper el capullo y salir a volar, es cuando nos damos la posibilidad de vivir una vida alineada con nuestra alma, con nuestro verdadero ser, con nuestro propósito de vida y en armonía con lo que de verdad queremos vivir. Cuando estamos en esa oscuridad no debemos resistirnos a las emociones que nos surgen, aceptarlas, abrazarlas y entregarlas nos va a dar la liberación. Si nos oponemos a ellas, si las juzgamos y entramos en dialogo con nuestra mente no permitiremos derribar nuestros muros y salir de nuestra zona de confort. Elevar nuestro nivel de consciencia requiere sentir, aceptar, abrazar, entregar.

Cuando te digo que sientas, que aceptes, abraces, no te estoy diciendo que te pasees por la vida como el hombre o la mujer derrotada que te sientes en ese momento. NO. Te digo simplemente que te lo aceptes a ti mismo, que te permitas sentir eso que te está pasando, que aceptes que eso también eres tú, y una vez hecho eso, se lo entregues a la vida, al universo a Dios, a la energía...da igual como tú lo llames, entrégalo, acepta que no sabes que hacer con ello, di NO TENGO NI IDEA de cómo resolver esto, y confía, sigue adelante con la certeza de la solución está cerca y pasa a la acción. Hay cosas que puedes hacer en ese momento:

Lo primero es demostrarle a tu mente que sabes donde estás. ¿Recuerdas que en los primeros capítulos hablábamos de la importancia de saber dónde estamos, para trazar el camino de adónde nos queremos dirigir? A esto me refiero. Sabes donde estás: Estas en el punto de partida hacia la vida que tú quieres vivir. Demuéstraselo a tu mente! Lo primero va a ser rectificar tu lenguaje corporal. Mantente erguido, victorioso, espalda recta, mirada al frente. En el momento en que reconoces tu oscuridad estas en el inicio del camino hacia la luz, hacia tu propia luz, vas directo a brillar, anda así por la vida, ya eres un ganador, ya sabes que la situación no te ha vencido, ya estás ganando.

Valora lo que te está sucediendo como lo que es, una oportunidad para renacer, para reinventarte, para vivir la vida que quieres vivir, da las gracias por ello continuamente, da las gracias porque las oportunidades ya se están dando.

Perdónate, ahora ya sabes que no eres culpable de cómo te sientes, de cómo has actuado, has hecho siempre lo mejor que has sabido con los recursos que tenias, eres humano, y eso implica que hasta que tenemos los recursos suficientes para sobrellevar una situación, hacemos lo que podemos. Has hecho siempre las cosas lo mejor que has sabido hacerlas, perdónate, y sigue adelante. No eres culpable de nada. Eres maravilloso.

Siente que eres merecedor de todo lo bueno que está por suceder. Ya sabes que hay detrás de lo miedos, de las culpas, de la falta de merecimiento. Quiérete mucho, muchísimo, y avanza con la confianza de quien sabe que todo es posible.

Vive desde el amor, en la medida en que tú te quieres a ti mismo, eres capaz de amar todo lo que te rodea. La vida es amor, el universo es amor, las relaciones son amor, todo lo que nos rodea son expresiones del amor. Ama todo lo que te rodea, ama incluso a tus sombras, sólo tienes que mirar con los ojos del amor para ver amor por todas partes.

Es fundamental colaborar con el proceso de transformación. El crecimiento no sucede, se hace suceder. Tienes que pasar a la acción.

Hay una metáfora que en crecimiento personal se utiliza mucho y que a mí me gusta especialmente. Es la del espectador. Cuando tú pasas tu noche oscura del alma, y cuando abrazas todo lo que eres en ese momento, y eres capaz de observar al observador, es decir, identificar a tu ego y separarte de él, pasas de ser el protagonista de una película a ser el espectador de la misma. Hay un ejercicio muy útil que consiste en imaginarte a ti mismo sentado en el patio de butacas viendo la película de tu vida, desde ahí eres el observador, no eres el personaje, esa perspectiva te permite ver la totalidad de lo que sucede, te permite ver las posibilidades que existen alrededor de cada uno de los personajes. Esa capacidad de separarte de tu ego, te da la posibilidad de abrir las puertas de las oportunidades.

Ayuda a tu alma a salir, permítete ser tú mismo, muéstrate, exponte, quiérete, eres mucho más poderoso de lo que nunca has pensado, eres mucho más capaz de lo que siempre has creído. No importa lo pequeño o lo grande que sea el cambio que quieres lograr, el destino al que quieres llegar, todo aquello que creas, serás capaz de crearlo. Y ahora, te lo vas a demostrar. Es cuestión de pasar a la acción, como dijo el maestro Wayne Dyer, estás a un pensamiento de cambiar tu vida.

> *"Incluso la gente que afirma que no podemos hacer nada para cambiar nuestros destino, mira antes de cruzar la calle"*
> **Stephen Hawking**

11. El crecimiento no sucede, lo haces suceder.

"La felicidad está unida a la sensación de crecimiento personal"
Javier Iriondo.

Cuando empecé a profundizar sobre el crecimiento personal y decidí que quería dedicarme a ello, mucha gente me preguntaba, ¿qué es para ti el crecimiento personal?

Para mí el crecimiento personal es básicamente una experiencia vital e individual. Es una profundización en ti mismo que permite descubrirte y aumentar tu nivel de consciencia sobre lo que eres, sobre lo que somos y de lo que somos capaces, y en base a ese aumento de nivel de consciencia, se suceden cambios en tu vida que te hacen mejorar como persona, permitiéndote vivir la vida como tú realmente quieres vivirla, no como te dicen, te cuentan o te intentan vender. El crecimiento personal es una evolución continua, algo que nunca deja de suceder, pero que no sucede por sí mismo, sino que es una capacidad del ser humano.

Para mí es profundizar en la verdad de uno mismo, reconocerte en tus luces y en tus sombras y aceptar que todo eso eres tú, y a partir de ahí, responsabilizarte, que no culparte, de lo que eres. Buscar y encontrar tu verdadero yo, cuales son tus motivaciones personales, tus propósitos en la vida, tus talentos, cual es tu motor. Extraer de ese conocimiento toda la sabiduría para mejorar a cada segundo como persona y por ende el mundo en el que vives, sabiendo que el universo entero trabaja para que fluyas en él, porque somos todo lo que es, no hay división. Crecer es despertar a nuestra verdadera realidad, descubrirte en unidad con todo lo que existe, y saber que no hay errores, todo es aprendizaje.

En realidad, nacemos despiertos, totalmente conectados con la vida, con una capacidad de asombro y aprendizaje permanente, conectados con la divinidad de cada uno, pero la cultura que hemos creado y las sociedades en las que nos estamos desarrollando nos hacen, al poco tiempo de nacer, empezar a dejarnos llevar por el ego y a conectarnos cada vez más con nuestra mente y menos con nuestra alma.

Es fácil ver a los niños, al poco tiempo de aprender a hablar, decir "es mío", con poco tiempo de vida ya empezamos a desconectarnos de nuestra alma, a sentirnos algo diferente al resto del mundo, algo individual, no colectivo, a sentir que el mundo nos pertenece, no que nosotros pertenecemos al mundo.

Hemos perdido la capacidad de mantener ese estado divino en que nacemos, totalmente conectados a la vida, al presente, al regalo de cada segundo, a la capacidad de asombrarnos y de ver milagros a nuestro alrededor continuamente.

Me maravilla pararme a mirar a un bebe que es acariciado por su madre, que por primera vez siente que le moja la lluvia, la primera vez que se sumerge en el agua, que descubre la luna, que ve las estrellas. El primer momento en que descubre un hormiguero, un nido, el sonido de un tambor...esa es la esencia de la vida. Cuando la vida deja de fascinarnos a cada segundo, cuando dejamos de hacernos preguntas, de asombrarnos, de reconocer los misterios, es cuando nos desconectamos de la naturaleza, de nuestra divinidad, de nuestro poder creador, de nuestra fuente.

Creo que es imprescindible forjar las bases de la sociedad que estamos creando desde la consciencia, desde la importancia de la gestión emocional, de entender el para qué de lo que hacemos, desde la fe en nosotros mismos y en la energía que nos rodea, desde la autoconfianza y el creer en nosotros. Creo que en mi generación hemos sido programados para el éxito, no para la felicidad. Y para mí, el éxito es ser feliz.

Si somos capaces de educar nuevas generaciones que sean capaces de crear desde el interior y no desde el exterior, seremos capaces como especie de cambiar el mundo, volver a conseguir que este espacio mínimo del universo que habitamos permanezca en el tiempo y que nuestra especie lo pueda disfrutar. Nos hemos centrado tanto en crecer hacia fuera y no hacia dentro, que estamos sobre explotando nuestro planeta, creando burbujas sustentadas por lo material y el interés de unos pocos, construyendo estructuras basadas en los sueños de unos cuantos, olvidando que los sueños, también nos pertenecen.

Hemos dado tanto poder al ego, que hasta las bases que han aguantado por miles de años nuestra conexión con nosotros mismos, creado nuestras estructuras sociales, sustentado nuestra conexión con el planeta, han sido reducidas, eliminadas y premeditadamente eliminadas de nuestras vidas.

En estos años de estudio sobre el crecimiento personal, en el que he descubierto que realmente tenemos un poder creador absoluto de nuestra realidad y que somos libres para crear una vida extraordinaria, me he dado cuenta de que mucho de lo que he leído, he estudiado y me ha inspirado ya lo había oído, mi alma me lo había dicho siempre, me estaba gritando desde dentro y yo no la escuchaba, de vez en cuando tenia una señal, pero era incapaz de saber interpretarla.

De repente, vi mi vida como un gran puzzle desmontado, metido en una bolsa enorme con el que cargaba. Fue cuando me permití seguir a mi alma y no a mi mente, que las piezas se pusieron boca arriba, se ordenaron y crearon el gran puzzle donde todo encajaba, todo tenia un porqué, un sentido y una enseñanza. Todo era simplemente perfecto y había sucedido como tenía que suceder, desde el primer hasta el último segundo. Todo se había colocado para encontrarme a mí misma. Habían pasado cosas hacía muchos años que tenían sentido hoy, se me habían grabado en la memoria imágenes sin sentido, que de repente lo cobraban, había sueños repetitivos que por fin entendía y como por arte de magia, desaparecían.

Lo único que hice para entender el puzzle fue aceptar, aceptarme, abrazar todo lo que soy, sentirme, no culparme, sentirme merecedora, estar muy agradecida y entender que hay una energía mayor a lo que todo pertenece que trabaja siempre a nuestro favor.

Durante este tiempo he puesto en práctica muchas enseñanzas que vienen de oriente, creo que tenemos que trazar grandes puentes entre oriente y occidente, porque su cultura ancestral y milenaria está asentada sobre bases que en Europa no hemos desarrollado y bajo mi punto de vista están más orientadas a la felicidad que al éxito, contrario a lo que hemos hecho en Occidente.

Ahora veo todo con otros ojos. Lo comparo un poco a cuando fui madre, de repente vi el mundo con dos ojos nuevos, de repente vi a todo el mundo como hijo y como madre o padre, y en ese momento entendí lo que era el amor incondicional, no solamente hacia mis hijos, sino hacia todo lo que me rodea, porque todo es hijo y es padre, todo es creación de algo o de alguien, todos hemos sido creados por alguien, y todo y todos tenemos un creador. No hay nada en el mundo que haga más feliz a unos padres que sentir que nuestro hijo está rodeado de amor, que le miran, le ven y le entienden desde el amor. Y eso es lo único que la Naturaleza, El Universo, Dios, como tú lo quieras llamar, nos pide: AMOR.

Ahora sé que no dependemos de nada ni de nadie para ser feliz, que no hay errores, todo es aprendizaje, que todo es tal y como tiene que ser, que todo es aquí y ahora, todo lo demás no existe, que cada segundo es un regalo y que no saber que pasará mañana lo hace todavía más valioso. Que todo lo que podemos hacer para ser felices es amarnos y amar, sentirnos en unidad con nosotros mismos y con lo que nos rodea, y dejar la vida fluir, con todo lo que vivir conlleva. Hay cosas que hoy son, que mañana no serán, cosas que fueron y que nunca más serán, aceptarlo así es libertad. El regalo es SER, ahora mismo, ni hace un segundo, ni dentro de otro. Ahora tenemos lo más preciado que se puede tener: VIDA, PARA LLENARLA DE AMOR. En la medida en que somos capaces de sentir la vida, somos capaces de amarla, y eso es felicidad.

Para el ser humano es complicado muchas veces mantenerse en ese estado de unidad constante con todo lo que es, sentirse separado de su ego y vivir por encima de él, hemos venido a este mundo para vivir la experiencia humana, y eso conlleva aprender a gestionar esa experiencia, hay herramientas y principios que los estudiosos de la física cuántica, los místicos, los gurús del crecimiento personal, las enseñanzas de quienes forjaron comunidades que con el tiempo se convirtieron en religiones, han puesto al servicio de la mente humana para que trabaje a favor de ese estado, para atraer esa forma de felicidad basada en la paz interior, en la tranquilidad y la calma del fluir con la vida, esas herramientas son las que vamos a descubrir en los próximos capítulos.

Hasta ahora hemos profundizado en lo que nos pasa y en por qué nos pasa. A partir de ahora vamos a ver que podemos hacer para conseguir vivir la vida que queremos vivir, construyendo desde los cimientos que hemos comentado hasta ahora: Identificar nuestras creencias, ver nuestros miedos, abrazarlos y entregarlos, que cada palabra sea un decreto de amor, trabajar el desapego, identificar a nuestro ego y dejar la vida fluir.

Esta segunda parte del libro es emocionante, poner en prácticas las técnicas que te voy a comentar a partir de ahora, van a hacer que veas los milagros sucederse a tu alrededor.

"Hay dos formas de ver la vida, una es creer que los milagros no existen, la otra es creer que todo es un milagro"
Albert Einstein

12. Relaciones Sanas, Vida sana.

"Todo intento para mejorar nuestra vida será inútil a menos que arreglemos nuestras relaciones.
Sri Bhagavan.

Nuestra vida se compone de relaciones, relación con nuestros padres, con nuestros abuelos, con nuestras parejas, nuestros hijos, familiares, amigos... y normalmente cuando un área de nuestra vida está afectada es porque no tenemos resuelto algo en esas relaciones. No se puede llegar a realizar una gran carrera, a la prosperidad, al éxito, cuando nuestras relaciones no están sanadas y no es porque esas relaciones afecten en alguna medida a nuestros proyectos directamente, sino porque cuando tienes un problema de relaciones, es porque todavía no te has abierto de verdad a ti mismo. Hay una parte importante de nosotros mismos de la que no somos conscientes. Lo que no logramos conseguir en nuestra vida, es por algo que no hemos destapado, que no hemos sacado a la luz, no del mundo, sino de nosotros mismos, algo de nosotros que nos queda por aprender, estamos en constante aprendizaje, en constante evolución.

Para poder expandirnos y brillar con luz propia necesitamos experimentar, pero para experimentar tenemos que aumentar nuestro nivel de consciencia sobre lo que somos. Si tomas tus problemas de relaciones como una oportunidad para conocerte más a ti mismo, la sanación de esa relación se irá dando paulatinamente. No te vas a torturar ni a sufrir ningún castigo, simplemente vas a ver qué no hay resuelto en ti, que no te deja que esas relaciones fluyan. Es un proceso de auto curación, si dejas de luchar contra él, se va a dar de manera natural.

Pasar por un problema de relaciones sin conseguir ver más de ti mismo, es un problema no resuelto, algo que está condenado a repetirse. Porque tener una buena relación con otra persona no significa ver algo sobre la otra persona, sino ver algo en ti mismo. Cuando una relación resulta incomoda es porque hay algo dentro de nosotros que quiere atención, que no puede perdonar, que está herido, que no aceptamos o que rechazamos. Ver qué pasa dentro de ti es el proceso que va a transformarlo todo, te va a permitir crecer, y vivir esas relaciones desde el amor y la alegría. Conocer y ver la resistencia que tienes a esa relación es lo que va a permitir que esa relación fluya y sea sana, porque en ese momento estás aceptando una verdad sobre ti mismo, estás aceptando que lo que te hace sentir incomodo no es la otra persona, sino como lo experimentas dentro de ti.

¿No te ha pasado nunca que alguien a quien tú no soportas es buen amigo de alguien con quien te llevas bien? Y realmente hasta te cuesta entender que tu amigo pueda llevar tan bien esa relación y le apetezca estar con esa persona. Todos somos diferentes, y a cada uno nos impactan unas u otras reacciones en función de lo que tenemos que superar de nosotros mismos.

Cuando te hablo de sanar relaciones tampoco te hablo de que seas impasible, y de que te vaya bien estar con todo el mundo en una relación intensiva. Te hablo de que las relaciones no te duelan. Cuando la falta de relación no te supone ni un pequeño pensamiento negativo, ni un solo sentimiento incomodo, ni un ápice de nada, entonces no hay nada que sanar, todos somos diferentes y aceptamos dentro de nuestro círculo a personas diferentes. Pero cuando hay un conflicto y ese conflicto resuena dentro de ti, cuando buscas explicaciones, pones excusas, buscas tener la razón, cambia tu estado de ánimo simplemente hablar del tema, ese es el tipo de relación de la que te hablo. Porque si hay conflicto es porque en el fondo, estamos buscando un estado de unidad interior que no estamos logrando, muchas veces porque esa persona nos importa, y en el fondo la queremos, y hay algo dentro de nosotros que no nos está permitiendo vivir ese amor, ese cariño, esa estima con naturalidad. Es ahí donde tenemos que buscar.

No es posible cambiar nada fuera si primero no cambiamos dentro, intentar arreglar situaciones sin haber aprendido nada no es posible. Ese arreglo no es verdad. Cuando tú tomas conciencia de ti mismo, cuando miras hacia dentro, cuando te duele y en lugar de señalar al otro, miras hacia dentro, cuando eres capaz de aceptar que hay algo en ti que se te resiste y ves tu propia incapacidad de perdonar, en ese preciso instante, la relación ya empieza a sanarse.

Muchas veces buscamos atención, nos sentimos culpables por algo, sentimos rechazo hacia una persona, no aceptamos alguna parte de nosotros...cuando le plantamos cara a nuestra verdad todo empieza a fluir.

Yo lo comparo con mirarse al espejo, ver que algo no te gusta e intentar alargar las manos y cambiar al espejo. ¿Es posible? No. Si lo que quieres ver en el espejo es diferente tienes que cambiar tú, y el espejo automáticamente reflejará tu nuevo estado. Si yo soy rubia y quiero teñirle el pelo al espejo de moreno, pero yo seguir siendo rubia lo tengo complicado. Cuando yo me tiña el pelo de moreno veré mi imagen con pelo moreno en el espejo. Todo intento de cambiar la imagen del espejo sin cambiarme a mí misma será en vano.

Cuando tú eres capaz de mirarte a ti mismo con amor, de ver tus heridas, tus incertidumbres, tus miedos, y tus resentimientos, cuando eres capaz de verte y decirte a ti mismo, sí, es verdad, esto también soy yo, en ese momento somos capaces de perdonar, empezando por perdonarnos a nosotros mismos, entonces podremos perdonar de corazón a la otra persona. Y el perdón es la base de todo.

Tenemos una idea equivocada del perdón, muchas veces pensamos que el que perdona es derrotado, dominado, y no es así. Quien perdona de verdad es liberado. Y el perdón realmente no se puede imponer, no puedes decidir perdonar a alguien. El verdadero perdón sucede de manera natural y te libera. Sanar el corazón es sanar tu vida entera. Amma y Bhagavan de la Oneness University en la India, dicen que "el perdón recae en la felicidad y el éxito. Las relaciones de familia se fortalecen y un nuevo viaje se comienza donde, de forma natural, cada cual respeta y ama al otro".

La relación más importante que tenemos que tener sanada para que todo en nuestra vida fluya es la relación con nuestro padres, con nuestra pareja, y con nuestros hijos. La realidad de la relación con nuestros padres moldea de manera muy incipiente nuestra relación con la vida. Observa qué hay en esa relación para poner armonía en tu vida, e incluso si tus padres ya se fueron de este mundo, lo puedes hacer, porque el perdón a cualquier situación está dentro de uno mismo. Siempre puedes sanar esa relación, en persona o desde lo más hondo de tu corazón.

Nuestro nivel de consciencia, nos hace seres extraordinarios. Nuestro nivel de conciencia sobre nosotros mismos, sobre todo lo que es, todo lo que existe, nuestra capacidad para sentirnos en unidad con todo lo que es, va a marcar la calidad de nuestra vida, la calidad de sentimiento a cada instante.

Otra de las áreas a revisar si queremos que todos los aspectos de nuestra vida fluyan es nuestra relación con la pareja. Tanto si tienes pareja como si no la tienes hay una relación de pareja, te estás relacionando con el otro sexo, o con el mismo si eres homosexual, de alguna manera.

Las relaciones de pareja son las que nos dan el máximo dolor y el máximo placer. Son nuestro máximo espejo porque es a lo que nos tenemos que enfrentar cada día. La relación de pareja se sana exactamente igual que las demás, pero ésta siempre conlleva más aceptación, porque es nuestro máximo reflejo, es la que hará que tengamos que profundizar más en nosotros mismos.

Antes de plantear cualquier hipótesis sobre tu vida de pareja, te invito a que mires dentro de ti. ¿Cómo te estás juzgando a ti misma como pareja? ¿Cómo estás juzgando al otro? ¿Es amor lo que sientes? ¿Es apego? ¿Dejas fluir tu relación de pareja? ¿ A qué tienes miedo? ¿De qué culpas al otro? ¿De qué te sientes culpable? Y la pregunta del millón: ¿estás actuando en todo momento desde el amor incondicional hacia ti mismo y hacia el otro? ¿En qué medida está tu ego y tu mente interfiriendo en tus decisiones? Ahí están tus respuestas.

Toma conciencia sobre tus relaciones, y en especial sobre la relación con tus padres, con tus hijos y con tu pareja. Da un paso hacia el autodescubrimiento de tus cimientos, de tus heridas, de si has sentido o sientes falta de merecimiento, toma conciencia sobre qué sostiene tu vida, tu mundo, cada instante. Da un paso hacia tu libertad, hacia tu felicidad, hacia tu paz.

Verás que cuando tus relaciones estén sanadas, los temas económicos, tus situaciones de pareja o de falta de ella, tus temas laborales y personales fluirán de una manera mucho más natural, acorde con lo que sientes, acorde con lo que tu alma te pide y en armonía con lo que eres, un ser maravilloso.

En este apartado me gustaría que te acuerdes de los juegos del ego, antes de que te sientes en calma a ver tus verdades, a mostrártelas a ti mismo. Detrás de la falta de perdón está el no entregarte a ti mismo, a todo lo que existe, a todo lo que es, todo lo que te has ocultado durante mucho tiempo. En la medida en que dejes a tu ego de lado para ver esa verdad tu capacidad de perdonarte y de perdonar a los demás aumentará.

En ocasiones no es posible llegar al perdón teniendo a la otra persona delante, a veces la otra persona ya no está en tu vida, pero queda un resentimiento en ti, a veces la otra persona no quiere hablar contigo, es posible que haya incluso fallecido. En otras ocasiones tienes la dicha de poder resolver esa situación en una conversación con la otra persona. En cualquier caso, olvida en el proceso de perdón a tu ego, incluso si tienes a la otra persona delante haciendo uso del suyo. Cuando le juzgas por hacerlo o cuando tú te alteras y pierdes la paz porque el otro está tratando de resolver su parte haciendo uso de lo que le manda su mente, y no su corazón, estás negándote a perdonarte a ti mismo por haber hecho previamente exactamente lo mismo. Es tu perdón verdadero, el que aparece sin forzarlo, el que te va a liberar. En el momento en que tú perdonas restituyes tu verdad, esa que te habías estado negando. Y allí donde otorgues tu perdón, verás el perdón también.

La diferencia entre los mundos que se ven desde los ojos del que ha perdonado y el que no lo ha hecho, estando a tan poca distancia, son completamente diferentes. Tras un ejercicio de perdón el mundo parece diferente, la carga acumulada desaparece y hasta el aire parece más ligero. Cuando tu sanas todas tus relaciones a través del perdón el mundo se convierte en algo mucho más bello, y esa belleza es una belleza real, no es algo efímero que desaparece. Cuando tú sanas tus relaciones y tu perdón viene del alma, no de tu mente, desaparecen los fantasmas que te torturan. No vale decir, vale, te perdono que así voy a estar más tranquilo, y quedarte con toda tu porquería dentro, eso no es perdonar.

Es un paso pequeñísimo el que hay entre vivir entre resentimiento, rencor, culpa, juicios y vivir desde el amor, el perdón, la aceptación y la responsabilidad de vivir como los seres maravillosos que somos. Es la diferencia de vivir entre miedos o vivir desde el amor. Y esa diferencia es para los humanos simplemente una elección. ¿Qué eliges tú? Es una decisión que se toma todos los días, se toma a cada instante.

En esto son maestros los niños. ¿Cuántas veces has visto a un pequeño enfadarse con su amigo y a los 5 minutos estar de nuevo jugando como si realmente nada hubiera pasado?. Muchas, ¿verdad? Eso es porque su ego todavía no les domina, y rápidamente eligen entre vivir con ese resentimiento y estar distanciados de lo que en ese momento les hace felices, o perdonar y poder seguir disfrutando de ese instante. Es algo tan simple como eso, que nuestra felicidad y el amor que sentimos por esa persona esté por encima de tener razón. Así es como se expresa el amor a través del perdón.

Si te cuesta perdonar, preguntante cuánto tiempo estas dispuesto a vivir sometido a la mente, a sentir ese machaqueo constante de tu ego, a tener la radio puesta con mentiras de tu subconsciente, haciéndote ver el mundo de determinada manera. Es una elección tuya, no de nadie. Tu capacidad de perdonar, de amar, de no juzgar, de vivir en armonía con tu alma te llegará en el momento en que hayas hecho los aprendizajes que tengas que hacer, en el momento preciso. Cuando tú quieras, puedes tomar la decisión de ser feliz. ¿Quieres que sea ahora?

Realmente cuando tus relaciones están sanadas eres capaz de ver el mundo tal como es, mientras vives en los juicios y el maquiavélico laberinto del ego, el mundo no parece igual de bello. Yo creo que el mundo real es el que vemos cuando estamos presentes en ese instante en que el amor inunda todo lo que somos, sin excepción. En ese momento el objetivo del Amor reemplaza al tuyo propio, en un solo instante.

En ocasiones ese momento después del perdón es raro para nosotros, incluso tenso, pero es simplemente una percepción de tu mente, que está acostumbrada a tener un objetivo con respecto a esa relación que ahora no existe, y en ese momento entra en conflicto consigo misma. En el instante en que la relación se sana y es de verdad perdonado todo lo que la distanciaba, hay que aprender a gestionarla desde el nuevo objetivo, que es el amor. No le des a tu ego mucho margen en ese momento, porque intentará hacer de las suyas, acuérdate en ese momento de las técnicas que hemos comentado en capítulos anteriores, pídele a tu mente que se afane en pillarle infraganti para tenerla ocupada, y cuando llegue, ridiculízalo, dile -Ahora, pausa-.

Verás como la relación se vuelve más grata en muy poco tiempo actuando desde el amor. Aprender a estar de nuevo cómodo en esa relación es sólo una cuestión de recordar el amor con el que se ha perdonado y ver en el otro la inocencia desde la que hizo todo lo mejor que supo con los recursos que tenía en ese momento. En poco tiempo la causa de los conflictos se olvida por completo. No abandones en ese momento porque la vida te está brindando una oportunidad de sentirte en armonía con todo lo que es, con todo lo que existe y contigo mismo. Te está brindando un momento puro, de verdad.

Es importante también marcar tu objetivo con respecto a tus relaciones. Si no lo marcas dejas las cosas al azar, y entonces tu ego se siente en su salsa, porque el ego es incapaz de trabajar con respecto a un objetivo, a él lo que le gusta es campar a sus anchas y justificarlo todo desde el pasado y jugando a los dados con el futuro. Establece tus objetivos con respecto a tus relaciones y verás como fluirán de manera mucho más cómoda, porque de esta manera le estarás dando a tu mente razones para actuar de determinada manera y tener la meta de que tu objetivo se logre.

El objetivo debe ser tener relaciones de verdad, y las formas de las relaciones de verdad son muy variadas, incluso ausencia de ella, y basadas en el amor. Permite que la relación sea también lo que la otra persona quiera que sea, tras el perdón encuentras tu aprendizaje, y la relación física continúa o no. No trates de retener a nadie a tu lado, ni te mantengas obligado junto a nadie, ese es otro juego del ego.

Siente, permítete sentir desde lo más profundo de tu corazón. Mi consejo es que te expongas, que dejes claro cual es tu sentimiento más puro en esa relación, y que aceptes de la misma manera cuál es el objetivo del otro. Deja que la vida fluya, nada forzado es amor, nada forzado permanece. Cuando la vida te quita algo es porque tiene algo, que para ti es mucho mejor, reservado. Acéptalo con amor y sin juicios. Y cuando la vida decide que ese amor tiene que ser vivido junto a esa persona, es porque tiene que ser así. Ahí está tu evolución personal, permite que la vida fluya.

Ve de la mano del amor, y sintiéndote sostenido por todo lo que es, que es pura energía de amor que mueve el mundo y el universo entero, una energía que es mucho más inteligente que nosotros, mucho más sabia que nuestras decisiones, más permanente que nuestras propias vidas. Si entregas tus relaciones a esa perfección a la que pertenecemos, que es el fluir de la vida, nada puede fallar.

*"Perdonar es liberar un prisionero y
descubrir que el prisionero eras tu"*
Lucas 6:37

13. Gratitud, la virtud de los vencedores.

"La gratitud no es sólo la más grande de las virtudes, sino que engendra todas las demás"
Cicerón.

La gratitud es uno de esos sentimientos que no reconocemos en todos los seres humanos, porque no es una de las emociones básicas, sino que es fruto de un sistema de valores éticos, donde se aloja la capacidad de poner en valor el dar y recibir. No todo el mundo puede expresar gratitud, pero sí todo el mundo puede aprender a ser agradecido. Para experimentar gratitud se requiere una serie de procesos en la mente, que definen una especie de deuda moral con quien nos hace bien, una deuda que no puede calcularse haciendo números, sino elevando la estima por quien nos hace un favor haciéndonos estar abiertos a corresponder por el beneficio recibido.

Hay personas que no son capaces de expresar gratitud, porque en su sistema de creencias tienen instalada la idea subconsciente de que lo merecen todo, simplemente por ser quien son, pero la persona que pasa por dificultades y las resuelve, es consciente del inmenso valor que tiene la ayuda de los demás.

Cuando te sientes hundido, lastimado, desdichado, cuando tienes problemas que te ves incapaz de resolver, la mano que te tiende la persona que está en ese momento a tu lado, aunque simplemente sea escuchándote y sosteniéndote en ese momento, contiene toda la esencia del poder de la gratitud.

La gratitud no es una actitud que se tenga solamente ante el resto de seres humanos, la naturaleza está llena de fuentes de gratitud. Cuando tú te descubres formando parte de un todo, en el momento en que te sientes en unidad con todo lo que existe, te das cuenta de que los seres humanos somos incompletos y que nos necesitamos los unos a los otros, y necesitamos de la vida cada mañana para poder ser.

En nuestro sistema social estamos rodeados de "gracias" que muchas veces se dan con una sonrisa, otras pensando ya en lo siguiente que vamos a hacer, y otras incluso con rabia. Esas no son las gracias de las que estamos hablando, estamos hablando de la gratitud, un sentimiento puro y profundo y además extremadamente poderoso.

La gratitud es una actitud ante la vida, y en nuestra sociedad en muchas ocasiones estamos centrados en lo que nos falta, o en lo que nos gustaría vivir, y nos olvidamos de la multitud de milagros que se suceden diariamente a nuestro alrededor y que ya damos por sentados que nos pertenecen, cosas tan simples como tener un grifo por el que sale agua potable, o que al dar al interruptor de la luz salgamos de la oscuridad en la sala. Vivimos instalados en el deseo, en la expectativa de qué vendrá después, tenemos el foco más allá de lo que está pasando AHORA.

Donde tenemos puesto nuestro foco de atención dirige nuestras conductas, nuestras actitudes, nuestros objetivos y nuestra manera de interpretar nuestras circunstancias, y es ante este hecho, donde la gratitud asoma para darnos un nuevo punto de vista, más sano y constructivo a la hora de enfrentarnos a los obstáculos que la vida nos plantea.

Cuando tú te posicionas en el recibir, estás posicionándote en la escasez, le estás diciendo a tu cerebro me falta esto, me falta lo otro..., y estás generando una vibración que sintoniza con la escasez. Cuando nos centramos en recibir, esa vibración de escasez nos posiciona en un rol de víctimas y en una actitud que nos termina pasando factura. El punto que equilibra esa balanza es la gratitud, cuando tú ejercitas la empatía, y buscas la vía para mostrarle al otro que te sientes afortunado por lo que aporta en tu vida, y cuando los detalles inundan tu día, sientes el gozo de aportar, de dar, y compartir en todo momento con lo que te rodea, esto te hace vibrar en una sintonía de abundancia, y resuena en otras energías similares. La gratitud es la más exuberante fuente de abundancia.

Daniel Defoe decía que todo nuestro descontento por aquello de lo que carecemos procede de nuestra falta de gratitud por lo que tenemos. Poner atención y el foco en lo que tenemos, y expresar nuestra gratitud por ello es la base de la abundancia en todos los sentidos.

¿Das las gracias por lo que tienes todos los días? Hacerlo va a cambiar tu vida radicalmente. Yo, cada mañana, al despertar, lo primero que hago es dar las gracias, le doy las gracias al Universo por darme otro nuevo día, doy las gracias por tener un techo donde haber pasado la noche, doy las gracias por la salud de mis niños, y de mi familia, por todo el amor que siento, por la abundancia sin limite que hay en mi vida, simplemente por tener todo esto, que en realidad lo es todo. La gratitud es una actitud que te devuelve al ahora, al presente, que te hace vibrar en sintonía con la abundancia en todos los sentidos.

Durante mucho tiempo quise cambiarme de casa, vivía en una que me gustaba y que yo había elegido para unas circunstancias determinadas, pero nuestra situación personal había cambiado y la localización donde estaba no cubría las necesidades logísticas del momento. Mucho tiempo antes de adentrarme en el crecimiento personal y el coaching yo ya quería cambiar de casa, pero por H o por B siempre había algo que obstaculizaba el cambio. Un día me decidí a profundizar dentro de mí y ver qué estaba pasando dentro para que eso no pudiera darse fuera. Fui haciendo mi proceso, y mirando hacia dentro, hacerlo fue la clave de todo, es la clave de mi proceso cada día. Cuando realmente el cambio de casa fue para mí una prioridad y me permití verme a mí misma y la actitud que estaba tomando hacia el tema, fue cuando conseguí ese cambio.

Realmente yo había querido cambiarme de casa hacía tiempo, pero no había estado agradecida por la que tenía, por eso era imposible que ningún cambio se produjera. Cada vez que hablaba del tema me focalizaba en todo por lo que me quería cambiar de casa. Un día tomé la determinación de trabajar a favor de mi propósito, y además de tomar acción para que la operación se produjera, y utilizar un par de técnicas que más adelante detallaré, empecé a practicar la gratitud. Cada día daba las gracias por mi casa, por el techo que nos proporcionaba, por los buenos momentos que pasábamos en ella, por su excelente distancia al mar, por lo cómoda que era la vida en ella, por lo amplia que era, por su zona comunitaria...empecé todos los días a poner por delante todo lo bueno que había en ella, en lugar de mis quejas por las cosas que no cumplía. Después de dos meses haciendo esto, apareció el inquilino perfecto, y a la semana siguiente la nueva casa que cumplía con los requisitos que yo quería también apareció.

La vibración positiva que generas cuando estás agradecido por lo que tienes, resuena en la radio del universo como una gran antena que atrae más de lo mismo, la gratitud es abundancia. Si quieres abundancia en tu vida, empieza a estar agradecido por todo lo que tienes, siempre tenemos muchas cosas por las que estar agradecidos, el verlas o no cambia mucho nuestra perspectiva para avanzar en la vida y cambia la actitud con la que vivimos cada segundo. Eso determina los cambios.

La gratitud es una virtud de los vencedores, porque se centran en lo bueno. Mientras estás en un papel de víctima, de quejas, de juicios, estás centrado en todo lo malo de cada situación, sin embargo, si te centras en lo bueno y eres agradecido por ello, la actitud positiva será tu estado natural, y obtendrás más cosas positivas en tu vida.

"Nunca dejes que las cosas que quieres te hagan olvidar las cosas que ya tienes"
Laín García Calvo

14. Las leyes del Universo. Pura energía trabajando a tu favor.

"Los principios de la Verdad son siete. Quien los conoce, comprende y asimila, poseerá la llave mágica que abre las Puertas del Templo"
El Kybalión

Cuando empecé a leer sobre las leyes del Universo y la Ley de la atracción, me di cuenta de la conexión tan estrecha que hay entre ellas y los éxitos de empresarios, políticos, y la gente más poderosa del planeta. Durante los últimos años se han publicado multitud de libros sobre este tema, muchos de ellos best sellers, que adaptan y transforman la fuente original, el libro el Kybalión, para hacerlas más entendibles y transmitirlas a las grandes masas.

Las 7 leyes universales gobiernan absolutamente todo lo que nos rodea, ya que el Universo existe en armonía con estas leyes. Partiendo de la base de que nosotros somos una parte de ese universo, si vivimos en armonía a estas leyes que rigen todo lo que nos rodea, y de lo que somos parte, experimentaremos un nivel de transformación en todas las áreas de nuestra vida mucho más elevado.

Estas leyes combinan una parte del mundo místico occidental y oriental, se transmitían oralmente desde hace 5000 años en el antiguo Egipto y en Grecia. Provienen de las tradiciones Herméticas y la filosofía Védiga, aunque no hay ningún texto que las mencione explícitamente con el nombre de las 7 leyes universales, hasta 1908 en que se publica el Kybalión. Ha sido un libro de culto desde su publicación. Se publicó anónimamente bajo el nombre de "Los tres iniciados", hoy en día la teoría con más fuerza es que la autoría del Kybalión, corresponde a William Walter Atkinson (1862-1932), que publicó todos sus libros bajo pseudónimos. Aunque se le ha intentado relacionar con diferentes sociedades y comunidades, el escritor insiste a los lectores en que formen su propio sistema de creencias de forma independiente, alejados de ningún dogma, incluso aunque tuvieran que descartar sus propias palabras.

El mensaje central de toda la obra es muy simple: La mente, cuando es controlada y utilizada, puede cambiar la vida de una persona, y dirigirlo hacia niveles más elevados.

Hoy en día muchos gurús del crecimiento personal y comunicadores de masas muestran clara influencia del Kybalión y sus siete leyes universales, muchos no lo citan como su fuente original, posiblemente porque se ha escrito tanto a raíz del original que las fuentes en cada caso son variadas.

Yo he puesto en práctica todo lo que he podido durante los últimos dos años estas leyes, y no quiero que creas todo lo que te voy a decir a continuación, me gustaría que lo comprobarás por ti mismo.

De las 7 leyes del Universo hay tres de ellas que son inmutables, eternas, que no se pueden cambiar de ninguna forma. Las otras cuatro son transitorias y las podemos cambiar para crear nuestra realidad y como percibimos lo que nos sucede.

Primero te hablaré de las tres leyes inmutables, para después adentrarnos en las mutables. Te invito a que no las juzgues, ni siquiera te pido que las creas, me gustaría que las practiques si quieres llevar tu vida a un nivel superior, y hacer cambios significativos, y que tú mismo saques tus propias conclusiones.

La primera ley universal inmutable, es la ley del Mentalismo, que dice que "Todo es mente, el Universo es mente". Se basa en que todo lo que percibimos a través de nuestros sentidos tiene su origen en el mundo invisible de la mente. Nos dice que hay una Consciencia Universal, una inteligencia infinita desde la cual todas las cosas existen y se manifiestan. Toda la energía y la materia se crea a todos los niveles desde esa inteligencia infinita y nuestra mente es parte de esa mente o consciencia universal. Nuestra realidad es una manifestación de nuestra mente.

Este tema lo hemos realmente venido tratando en todos los capítulos anteriores, cómo nuestra realidad es una manifestación de nuestros pensamientos y cómo cambiando nuestros pensamientos podemos cambiar nuestra realidad. Nosotros somos los creadores de nuestro propio destino. Aquello en lo que más pienses es lo que verás manifestado, si piensas en problemas, en escasez, en odio, en falta de merecimiento, será lo que verás manifestado en tu vida. Si piensas en abundancia, en posibilidades, en amor, en alegría, será lo que atraigas a tu vida. ¿En qué estás centrado ahora?

La segunda ley universal inmutable es la Ley de Correspondencia, que afirma que los tres planos, el físico, el mental y el espiritual tienen una total correspondencia entre sí. No existe separación ya que todo en el Universo se origina de la Única Fuente. La ley de la correspondencia nos abre la posibilidad de usar la razón para acceder de lo conocido, a lo desconocido. En esta ley se basa todo lo que hemos comentado sobre el espejo que es lo exterior de nuestro interior. Todo lo que está dentro, lo ves fuera. Todo lo que ves fuera, es lo que hay dentro.

Si unes el principio de mentalismo y el de correspondencia te darás cuenta de cómo tú puedes influir en la realidad que ves. Realmente en el mundo interior se están dando todos los escenarios posibles, tú tienes la elección a través de la razón de permitir cual de esos escenarios quieres que se manifieste.
En ese espacio donde existen todas las posibilidades es donde existen los sueños, la intuición y la iluminación. Es el espacio de las posibilidades infinitas, más conocido como el mundo metafísico, donde conectamos con todo lo que es, con todo lo que existe, con toda la energía disponible.

La tercera ley inmutable es la Ley de la Vibración, esta ley también la hemos ido tratando durante los capítulos anteriores, decíamos que somos como una gran antena que emite y recibe frecuencias similares a las que emite. Esta ley sostiene que todo lo que contiene el Universo es vibración, y durante el siglo XX la ciencia ha confirmado que el mundo físico es al mismo tiempo materia y vibración. Cada cuerpo emite energía que vibra en distintas frecuencias.

Todo lo que experimentamos con los cinco sentidos viene a través de vibración, todo lo que experimentamos con la mente, también es vibración, las emociones también son vibración, las de más alta frecuencia son las más sutiles y potentes, como el amor incondicional, las de niveles de baja vibración, como el odio o la ira, son las más densas.

Nuestro poder del pensamiento nos da la capacidad de elegir en qué frecuencia queremos vibrar. Es una elección, ¿quieres vibrar en la frecuencia del amor, de la tranquilidad, de la alegría?...o ¿quieres vibrar en la frecuencia del miedo, del odio de la ira?... tú elijes.

Hasta ahora hemos visto las leyes inmutables, que como habrás observado hemos tratado a lo largo de los capítulos anteriores con detalle, ahora vamos a tratar las mutables, las que se pueden trascender, vamos a profundizar más en ellas ya que no las hemos explicado todavía, y como te decía al principio del capítulo, te pido que no las juzgues, que no saques conclusiones ni entres en conversación con tu ego, por favor, compruébalo, y una vez experimentado, saca tus propias conclusiones.

La cuarta ley del universo es la Ley de la Polaridad, la que sostiene que todo es dual, todo tiene dos polos. Todas las cosas tienen un par de opuestos, son iguales en su naturaleza pero diferentes en su grado. Implica que todo tiene dos caras, incluso aquello que aparentemente es contrario. Todo es dos polos de lo mismo, lo único que cambia es la frecuencia, la vibración, y esa vibración puede cambiarse conscientemente a través de los pensamientos, es lo que es conocido como el arte de la polarización en las tradiciones Herméticas.

La ley de la polaridad se activa conscientemente en cada uno de nosotros cuando accedemos a la inteligencia infinita que forma parte de cada ser y usamos pensamientos positivos para elevar nuestra propia vibración. El propio Shakespeare dejó escrito, "nada es tan bueno, ni tan malo, es tu pensamiento lo que lo hace tal".

En todo momento y toda circunstancia estás haciendo elecciones. Tarde o temprano siempre tienes que decidir, la clave está en si decides desde el amor o decides desde el miedo, los dos polos de una misma forma, las dos vibraciones de lo mismo. Preguntarte en todo momento si tus decisiones se mueven desde el miedo o desde el amor, te va a dar la posibilidad de elegir en qué polo quieres vibrar, y cuando menos, saber en qué polo estás vibrando para poder marcar tu ruta hacia la felicidad.

El paso para transmutar esta dualidad en realidad es sencillo, es cuestión de poner conciencia y decidir practicarlo. A lo largo de todos los capítulos anteriores hemos hecho hincapié en permitirte sentir las emociones que tenemos etiquetadas como malas. No es una cuestión de luchar contra ellas, sino de aceptar que están ahí, permitirte sentirlas y entregarlas. En el principio de polarización esto es muy útil. Yo para esto utilizo meditaciones. Hago meditaciones trayendo a ese momento las emociones de alta vibración de ese día, especialmente las densas, las traigo y me permito sentirlas, sin juzgarlas, sin entrar en conversación con ellas, simplemente me permito sentirlas. Cuando tú de verdad te permites sentir en un polo, lo puedes entregar y convertirlo en lo contrario, esa vibración es sólo energía, con lo cual se la puedes entregar a la energía superior, a la que rige el Universo, para que la transforme. Es una practica muy liberadora. Cuando llevas esta practica a tu rutina, llega un momento en que la meditación se produce por sí sola en ese mismo instante, y casi de manera natural reconduces tu vibración.

Con el principio de polaridad también he entendido que la normalidad es la felicidad, la elección es el miedo, la infelicidad. Es cuando dejamos a nuestra mente, a nuestro ego, campar a sus anchas, cuando el miedo entra a formar parte del juego. Cuando tú eres capaz de aceptar, de sentir, de abrazar todo lo que es sin juzgar, la opción del miedo no existe. Y entiende que cuando hablo del miedo, hablo de la emoción que se esconde detrás de muchos de nuestros pensamientos, el miedo a sentirnos rechazados, el miedo a no ser valorados, el miedo a que no nos quieran, el miedo a no poder controlar una situación, el miedo a las consecuencias, el miedo en sus múltiples formas. Cuando elijes vibrar en el amor, el miedo se desvanece.

La quinta ley, mutable, es la ley del Ritmo. Es otra de las leyes que se puede trascender. Esta ley se observa en todo, en los negocios, en los deportes, en las mareas, en el éxito personal, en nuestro pensamiento. Todo de manera natural está en movimiento pendular, oscila a un lado, y de manera imperceptible en un momento empieza a oscilar en el contrario, y el proceso se repite.

Muchas veces estás poniendo todo de tu parte para reconducir una situación, y de repente ves como todos tus esfuerzos no lo sostienen y parece que sin saber por qué se empieza a torcer todo. En ese momento, para trascender la ley del péndulo hay que compensar la oscilación, compensar el ritmo. Se hace mediante la ley de la neutralización, la ley del ritmo no se puede eliminar, pero se puede aprender a neutralizar sus efectos controlando este principio, que se basa en la observación, en ser consciente del comienzo de su movimiento en el sentido contrario.

Lo puedes observar en la salud, en el trabajo, en las relaciones personales. En la medida en que seas capaz de estar presente para poder observar el péndulo y evitar que el temor se apodere de ti (esto es lo que permite al péndulo deslizarse sin problema al lado contario) serás capaz de hacer que la oscilación sea mayor o menor. Es el momento de conectar con todo lo que es, con toda la energía disponible, con todo el amor que sientes dentro y enfocarte en la parte positiva, pase lo que pase, para mantener el péndulo y que el recorrido hacia el lado contrario sea lo más tenue posible, que se mantenga alejado del lado negativo.

Te pondré un ejemplo para que lo puedas trasladar a tu experiencia y poder reconocer estas situaciones. Yo lo viví muy intensamente durante la crisis económica, antes de conocer estos principios había momentos en que parecía que el barco se hundía, de repente un cliente de toda la vida cerraba su empresa, y yo me veía afectada por ese ingreso que no iba a poder tener. En ese momento, mi mente empezaba a funcionar, entraba en pánico, se me hacía un nudo en la garganta y podía pasar días dándole vueltas a esa situación, me entraba miedo a que lo mismo le pasara a más clientes, venía un recibo inesperado y la bola se me iba haciendo cada vez más grande. El péndulo oscilaba de izquierda a derecha sin ninguna limitación. Cuando conocí la ley del Ritmo pude interceder en esa situación. A partir de poner el principio de neutralización en marcha todo cambió, en el momento en que por alguna razón un cliente tenía que bajar su inversión mensual en nuestra empresa por la situación económica de la suya, yo aceptaba la situación y en lugar de darle poder al ritmo que oscilaba hacia el lado del pensamiento negativo, automáticamente lo pasaba al positivo, actuaba con la absoluta convicción de que otro cliente con mayor presupuesto iba a aparecer, y empezaba a trabajar en que eso sucediera. El simple hecho de estar haciendo algo por mejorar la situación ya neutraliza el ritmo, y como tu inercia va en sentido contrario, tarde o temprano aparece la solución que disuelve el problema, en mi caso, aparecía otro cliente que suplía con creces el ingreso que hacíamos con el que se había ido, era tan simple como concentrar mi energía en todo lo positivo que yo le podía aportar a esa situación con la convicción absoluta de que lo iba a conseguir, que no iba a desistir, y que todo el Universo estaba de mi lado. Cuando tú trabajas a favor del pensamiento positivo haces que la oscilación del péndulo sea cada vez menor.

Hay veces en que la oscilación del péndulo es repentina y fulminante, apóyate en el resto de leyes para trascenderlo.

La siguiente ley mutable es la de la Causa y Efecto, que dice que todo lo que vemos en el plano físico tiene una causa específica en el plano mental. Todo lo que pensamos, las palabras que decimos y los movimientos que hacemos provocan un efecto que se materializa con el tiempo. Es el poder de la mente y el subconsciente.

A veces pensamos, pero ¿cómo me puede haber pasado esto a mí? Realmente todo lo que nos está pasando en este momento es fruto de lo que hemos pensado, dicho y hecho en el pasado. Y lo que hagamos digamos y pensemos hoy, determina lo que veremos en el futuro. ¿Has escuchado alguna vez la expresión, lo que siembras, recoges? Pues exactamente eso es la Ley de la Causa y Efecto. No puedes pretender vivir en un estado de armonía y paz cuando te has pasado los días criticando, juzgando y etiquetando todo lo que ves. Todo lo que dices, haces y piensas provoca una reacción, es la causa. Y pensarás y ¿cómo evito pensar, hacer o sentir cosas malas si alguien me las hace o dice a mí?, es sencillo, mediante el perdón. Recuerda que el perdón no sólo le libera a él, en primera instancia te libera a ti.

Del mismo modo, todo acto positivo, toda acción que te beneficie a ti en armonía con todo lo que te rodea y benevolencia con el Universo volverá a ti, porque la causa está sembrada con sentimientos positivos.

Es como tener un huerto, sembrar pimientos y querer recoger melones. No es posible, ¿verdad?. Tus emociones, acciones y palabras son la semilla del huerto que cultivas cada día, reflexiona sobre qué quieres recoger, y empieza a sembrar su semilla.

La ley de la Causa y Efecto me la han enseñado a mí mis padres desde pequeña, y estoy eternamente agradecida porque ha sentado la bases de quien soy. Desde que nací he escuchado como un mantra: "No hagas a los demás lo que no te gustaría que te hicieran a ti." Esa es la ley de la causa y efecto, siembra lo que quieras recoger.

Partiendo de que todo se crea en tu mente, hay una herramienta muy eficaz para acelerar el proceso de manifestación de lo que quieres ver en tu mundo, es la visualización creativa, pero de esto vamos a hablar en el siguiente capitulo, junto a la Ley de la Atracción, que unifica todos los principios en uno solo convirtiéndose en una flecha que va directa al centro de la diana para conseguir tus sueños. Antes de eso vamos a ver la séptima y ultima Ley del Universo mutable. La ley de Género.

La ley de género está en todo, todo tiene una fuente de generación, un padre y una madre, todo contiene elementos masculinos y femeninos. Ambos elementos son fundamentales para podernos desarrollar completamente y sentirnos en plenitud.

Nuestra realidad también necesita de ese poder generador para poder ser, y en este caso el padre y la madre son la inteligencia y el amor. La inteligencia está ligada con nuestra mente, con nuestros pensamientos. El amor está ligado con nuestra alma, con nuestras emociones, con lo que sentimos. La realidad que tú quieres ver llegará cuando tu alma y tu mente estén de acuerdo, porque son las emociones las que dan forma a la realidad que tu mente quiere construir. Para crear la realidad que queremos usaremos la mente para seleccionarla, entre las múltiples opciones disponibles la que sentimos más acorde con nosotros mismos de manera íntegra, y después la impregnaremos de emociones para que nuestra alma y nuestra mente estén de acuerdo.

Imagínate que tu mente te dice que quieres ser rico, pero te pasas el día angustiado por el dinero, mirando la cuenta corriente, haciendo números para ver cómo pagarás el siguiente recibo. ¿Crees que es posible generar una situación de riqueza desde esa emoción?¿Estás alineando tu alma y tu mente? No te digo que para hacerte rico debas desentenderte de tu economía familiar, pero sí que debes enfocar tus pensamientos en actitudes positivas al respecto para que la emoción que te genere el dinero y la riqueza sea acorde con tu deseo de ser rico. No puedes generar riqueza desde una vibración de escasez. La vibración de abundancia trae abundancia.

Imagínate que quieres encontrar pareja, pero te pasas el día poniendo pegas a todas personas que te presentan, cuestionándote si les gustarás o no, pensando que fulanito/a te ha gustado pero que es demasiado para ti, inalcanzable...¿tienes tu mente alineada con tu alma? No puedes encontrar una pareja que te llene si desde tu interior no estás llenándote a ti mismo de ese amor que quieres encontrar. No puedes generar amor desde la falta de autoestima, desde la culpa, desde el cuestionarlo todo, ni desde el resentimiento. Siembra amor y recogerás amor.

Cuando decidí que la crisis económica iba a salir de mi vida lo primero que hice fue eliminar cualquier conversación al respecto de la crisis económica, me centré en ver las oportunidades, las cosas buenas que pasaba a mi alrededor, en ver cómo hay gente que hace grandes cosas en beneficio de todos con dinero, en ver los grandes avances que el dinero trae a nuestra sociedad, en abrirme a nuevas posibilidades laborales, a pensar en positivo con respecto al dinero, en dar las gracias cada vez que pago algo, incluso hablo con el dinero, y cuando pago, le digo: "vuelve a mi multiplicado por mil". Te puedo asegurar que mi situación ha mejorado notablemente.

Todo es energía, y la vida consiste en intercambio de energía, y en saber relacionarte con ellas. Hay energías mucho más poderosas que otras, por su puesto la energía más creadora y la que para mí mueve el mundo es el AMOR, pero hay otras dos con las que también es fundamental llevarse bien: el dinero y el sexo. Si sabes relacionarte con esas tres energías de manera armónica, tienes mucho terreno conquistado.

"Da el primer paso con Fe, no te preocupes si no puedes ver la escalera, sólo da el primer paso"
Martin Luther King

15. La ley de la Atracción. Consigue todos tus sueños.

"La imaginación lo es todo, es el avance de lo siguiente que atraerá la vida."
Albert Einstein

La ley de la atracción no una de las leyes mencionadas en el Kybalión, y es precisamente para resaltar su importancia, porque La ley de la Atracción rige la unión entre Las Siete Leyes y está siempre funcionando, es la energía de nuestros pensamientos y nuestras emociones.

La ley de la atracción está basada en la visualización creativa y lo que propone es hacer sentir a tu mente y a tu alma cómodas en una determinada situación que tú quieres ver materializada, para generar la vibración que esa situación emite y permitir de esa manera atraerla y que se manifieste. De alguna manera es adiestrar a tu mente y ponerla en armonía con tu alma y con tus emociones para poder generar la energía suficiente para materializar un sueño.

Yo la he puesto en practica, y te pido de nuevo que no juzgues, sino que lo pongas en práctica y a partir de ahí decidas si quieres o no utilizarlo. Yo sólo te puedo decir que en pocos meses pasé de trabajar en un despacho pequeño, abarrotado de cosas y con poca luz, a un espacio amplio, luminoso y con vistas al mar, entre otras muchas cosas.

Esta ley es clara, y aporta una variante muy positiva: cuando queremos algo, da igual no tener todas las respuestas desde un principio, lo importante es tener claras las metas, y que nuestros pensamientos dominantes estén vibrando con ellas.

Tanto si estamos entusiasmados con algo como si estamos atemorizados por una situación, estamos generando en nuestra mente unos pensamientos, estamos recreando la situación y generando alrededor de ella una energía, que atraerá situaciones y personas en sintonía con esa vibración que estamos emitiendo. Es una ley neutra, tanto nos puede beneficiar como perjudicar, pero tenemos la ventaja de poder elegir nuestros pensamientos, podemos elegir en qué pensar, qué queremos y qué no queremos.

También te tengo que decir que no desesperes, la ley de la atracción, como todo, es algo que con la práctica vas adquiriendo habilidades que permiten que funcione cada vez más rápido y mejor. Hay mucha gente que la pone en práctica y no logra absolutamente nada, también te voy a explicar por qué. En este capitulo te voy a dar todas las bases para que visualices correctamente y sepas atraer a tu vida todo lo que deseas utilizando el poder de tu mente, eso sí, tienes que estar trabajando a favor, poniendo en práctica todo lo que hemos comentado hasta este momento en este libro. Si te vas a pasar el día quejándote, juzgándote y machacándote a ti mismo y al mundo, y después vas a ponerte a visualizar una vida ideal, te recomiendo que busques otro libro que leer, éste no te va a servir de mucho.

Entiendo que si sigues leyendo es porque estás dispuesto a hacer cambios significativos en tu vida para poder conseguir vivir como tú quieres vivir. Si estás leyendo ahora es porque tienes sueños, crees en el amor, estás dispuesto a trabajar a su favor y quieres sentir lo que es una vida plena. Felicidades, estoy convencida de que lo vas a conseguir, porque eres maravilloso. Gracias por seguir aquí.

Todo lo que atraemos es porque está registrado en nuestro subconsciente, es ahí donde almacenamos todos nuestros recuerdos, todo lo que pasa en nuestra vida y donde grabamos nuestras creencias. Nuestra mente consciente tira de esa mente subconsciente para proceder y eso es lo que determina como actuamos.

La mente consciente la utilizamos todos los días cuando estamos despiertos, para razonar, para percibir las situaciones, hacer juicios, tomar decisiones, pero lo hace extrayendo información del subconsciente. Por ejemplo, tu mente consciente puede decir que quieres perder 10 kilos en un mes, como tu subconsciente tenga grabado que cuando estás delgada los hombres te tratan como un objeto sexual, te puedo asegurar que tu objetivo te va a resultar muy difícil. Y no quiere decir que tú te sientas así cuando estás delgada, sino que en un momento de tu vida, tu mente sacó una conclusión por una situación determinada y la grabó en tu subconsciente. Si ponemos ese ejemplo, puede ser que la persona adelgace, pero es muy posible que no tarde mucho en recuperar el peso si no sustituye esa creencia limitante por otra potenciadora antes de ir a por tu objetivo. Nuestra mente es muy, muy poderosa tanto para limitarnos como para potenciarnos.

Normalmente todos tenemos varios objetivos, no sólo uno, te recomiendo que vayas por partes, no te pongas a querer cambiar de trabajo, divorciarte o reconciliarte, buscar una pareja, perder peso, y hacerte rico el mismo día. Ten claros tus objetivos y empieza por los que sean prioridad para ti, los que te descarguen emocionalmente y te vayan a dar estabilidad y tranquilidad.

Te voy a poner mi propio ejemplo, yo ahora mismo tengo sobrepeso, sin embargo hasta ahora no me había puesto el objetivo de perder peso en firme, porque había otras muchas cosas que tenía que resolver antes de poder perder peso, eso no significa que no vaya a conseguirlo o hacerlo, significa que para mí ha sido una prioridad mi estabilidad emocional, y que ahora que lo he logrado me siento fuerte para poder trabajar las limitaciones que no me permitían perder peso y volver a mi estado natural.

Ahora que he conseguido liberarme de lo que me tenía atada, ya puedo trabajar en eso, de hecho, muchas veces las cosas están muy ligadas, y cuando resuelves determinadas situaciones, después de mirar hacia dentro y ver la verdad que había detrás de lo que te pasaba, cuáles eran las creencias limitantes que se habían instalado en tu subconsciente sin siquiera tú saberlo, te das cuenta de que unas tienen mucho que ver con las otras. Por ejemplo, yo ya siento que ahora que he dejado ir determinadas cosas, que me he perdonado a mí misma determinadas actitudes y he entendido el porqué de muchas cosas, ahora que he construido mi puzzle, mi cuerpo está eliminando muchas cosas y el perder peso se está empezando a dar por sí solo. Has escuchado la expresión quitarse peso de encima, ¿verdad? Pues exactamente a eso es a lo que me refiero, y físicamente tiene su traducción.

En conclusión, mira hacia dentro e identifica cuáles son las cosas que ahora mismo tienen una carga más pesada sobre ti, cuáles son las cosas que requieren antes de tu atención, y céntrate en ellas. Está bien que enumeres todas, pero pon en orden cuáles son tus prioridades y empieza por trabajar en esas.

Una vez identificada, tienes que hacer que tu mente asuma la nueva situación que tú quieres crear, y si se las das, así, en frío, va a entrar en conflicto con muchas cosas que ya están ahí instaladas y te va a poner limitaciones.

¿Qué vamos a hacer con la ley de la atracción? Hacer que tu mente se sienta cómoda en la nueva situación, que la procese como real, para que la acepte, puedas vibrar en sintonía con ella y de esa manera atraerla.

Para conseguir que tu mente asuma que lo que tu alma quiere es posible, vamos a utilizar la visualización. Visualizar no es imaginar. Porque cuando imaginamos, la película que nos montamos está como en una pantalla de cine, está fuera, la vemos como espectadores. Visualizar es imaginar desde dentro de la escena. Pero antes de explicar cómo visualizar correctamente, primero, tenemos que tener muy claros algunos puntos.

Primero tienes que tener mucha claridad en tu petición, hay que ser claro y concreto. Si quieres un trabajo, escribe qué tipo de trabajo quieres, en qué sector, cómo es el espacio donde quieres trabajar con detalle, cómo son tus compañeros de trabajo, cuál es tu producto, cuál es tu función, cómo te sientes al trabajar allí, dónde está ubicado el puesto de trabajo, cuál es la remuneración, las vacaciones, cómo tienes que ir vestido, a qué huele la oficina, qué se ve por la ventana. Todo es todo, no dejes nada al azar.

Segundo tienes que tener integridad, está muy bien visualizar un yate de doscientos millones de euros y a ti tomando el sol en su esplendido solárium, en bañador con un mojito y contando billetes de quinientos, pero...¿es eso realmente lo que quieres, lo que necesitas, lo que te pide tu alma? Sé íntegro en tu petición, no dejes a tu ego que se meta por medio en tus deseos más íntimos, escucha a tu alma para que te diga qué es lo que quieres para sentirte pleno, para cumplir con tu propósito, para hacer lo que hayas venido a hacer a este mundo. Si los deseos que quieres materializar son de tu ego, es posible que los consigas, pero cuando los tengas te sentirás igual de vacío o más que antes de conseguirlo. Hemos hablado un capitulo entero sobre la integridad, esa es la integridad de la que te hablo a la hora de poner en marcha el camino hacia tus metas.

Tercero, y esto no lo dice la ley de la atracción pero a mí me ha funcionado muchísimo mejor añadiendo este punto que he aprendido a través de las enseñanzas de Sri Amma Baghavan de la Oneness University de la India, así que lo quiero compartir. Se lo debo a mis trainers, Débora y Nahuel, y ha sido donde he encontrado la verdad para conseguir mis sueños, con ellos aprendí de verdad a comunicarme con todo lo que existe, a sentir todo lo que es y a poder comunicarme con esa energía de manera eficiente, porque fue junto a ellos que me encontré a mi. Todos y cada uno de nosotros, cuando tenemos un sueño, también tenemos miedos. El querer conseguir algo, como humanos que somos, implica que en ese camino surgen los miedos, porque a no ser que seamos seres iluminados nuestra mente va a estar presente en el camino hacia nuestros objetivos. Ten claro también cuales son esos miedos.

Y ahora entramos en el proceso de visualización. Para visualizar te voy a pedir que al menos al principio de poner en practica el método, cierres los ojos, y quiero que reproduzcas en tu mente exactamente lo que quieres, pero no como una película, quiero que te sientas dentro. Si estás allí posiblemente no te verás a ti mismo a no ser que haya un espejo, sino que veras tus manos, tus brazos, tus pies, depende de tu postura en la que te encuentres en la escena. Experimenta como es sentirse con tu sueño ya cumplido en cuatro dimensiones, siente como huele, la textura de las cosas, los sonidos, los colores, vívelo exactamente como si estuvieras allí dentro y lo más importante siente la dicha de que YA ES. Siente como ya es en ese espacio, en ese instante y en ese momento, lo que tu quieres ya existe, ya se está dando, ya lo tienes. Recuerda que posiblemente en el camino hacia tu éxito hubo miedos, es el momento también de reconocerlos y entregarlos. En ese momento no sabes qué tienes que hacer con ellos, simplemente entrégalos, dáselos a la energía superior, entrégalo a todo lo que existe para que lo transforme, que se encargue de ellos, y siente la plenitud de haberte liberado, de haberlos superado.

Esa carga emocional que se genera cuando visualizas correctamente es lo que crea la vibración que atraerá vibraciones similares, y es una parte fundamental para conseguir lo que quieres. Emociónate durante tu visualización, recuerda que las emociones son los que nos hacen pasar a la acción, dota a tus visualizaciones de toda la emoción posible, cárgalas de energía. Visualiza desde tu alma.

Haz esa visualización al principio todas las veces que puedas al día y una vez hayas terminado, recuerda el poder de las palabras y el poder de la gratitud, cuando termines con tu visualización construye tu frase de agradecimiento al Universo, por ejemplo, "Gracias porque me has oído y me lo has concedido. Gracias, gracias, gracias." Puedes construir tu frase de agradecimiento como tú quieras para sentirte cómodo con ella, lo importante es que agradezcas que eso ya se ha dado y te ha sido concedido.

Este proceso te va a hacer vibrar en la frecuencia de tus deseos y por la ley de la atracción los vas a atraer, igual que funciona un imán. También va a hacer creer a tu mente que eso ya existe, y hacerle sentirse cómoda con esa vivencia, lo que abrirá las puertas para que puedas actuar conforme a alcanzar tus objetivos, eliminando cada vez más las interrupciones de tu mente y de tu ego. La vía para grabar en el subconsciente humano, son las emociones, cuanta más emoción le pongas a tu visualización más poder le vas a dar, y mejor grabado quedará en tu subconsciente, más vibrarás en esa frecuencia y antes atraerás eso a tu vida, podrás ver tus objetivos cumplidos.

La constancia es muy importante, cuando alguien quiere algo de verdad no desiste, porque no tiene miedo, la prisa es fruto del miedo, cuando tienes fe en algo, el miedo no existe. Pase lo que pase, sigue adelante, persiste.

Ahora que conoces cómo funcionan las leyes que rigen el Universo, si estás atento, vas a ver que las grandes mentes de todos los tiempos han utilizado estas leyes para conseguir sus sueños, estate atento a los mensajes que oigas de los grandes pensadores, de los grandes hombres de negocios, de las personas que tú consideras exitosas y verás que detrás de sus palabras están las Leyes del Universo. A mí me sorprendió de manera todavía más impactante cómo los grandes directores de cine utilizan para sus argumentos estas bases, como el cine es su manera de transmitirle al mundo estas enseñanzas, películas como Avatar, Matrix, Forrest Gump, Ratatouille.. y cientos de películas más que después de conocer cómo funciona la mente y cómo se consiguen los sueños, nunca verás de la misma forma, seguramente ya las has visto, te invito a que lo hagas de nuevo teniendo presente todo lo que estás leyendo.

Otro de mis grandes descubrimientos cuando he conocido cómo funciona la mente, cómo desde el punto de vista metafísico se rige el mundo, y cómo la ciencia avala muchas de sus tesis, ha sido el reencuentro con mi fe, con mi fe en Dios. Por favor, sigue leyendo sin juzgar, simplemente siente lo que estas palabras te muevan dentro. No importa si eres creyente o no, ahora mismo NO te estoy hablando del anciano hombre de blanco con barba que hemos fabricado asociado a la iglesia Cristiana, que culpa, castiga y perdona, NO. Te estoy hablando del DIOS del que hablaba Jesucristo antes de que existiera ningún cristiano, ni la iglesia, te hablo del Dios de Buda, antes de que en el mundo existiera ningún budista, del Alá de quien hablaba Mahoma antes de que en el mundo hubiera Musulmanes, porque todos y cada uno de ellos hablaban de lo mismo, hablan de Todo lo que ES y Todo lo que Existe, de las reglas y los motores que mueven nuestro Universo y cómo relacionarnos como humanos, hablaban de separarnos de nuestro ego, de no juzgar, de mirar con amor todo lo que nos rodea, de no hacer a los demás lo que no nos gustaría que nos hicieran a nosotros, de que todos somos iguales y lo mismo, y es así como debemos relacionarnos, de los milagros que solamente cuando miras con los ojos del amor eres capaz de ver. Me refiero a ese Dios, que yo llamo Dios pero tú puedes llamar como tú quieras, Energía, Universo, Todo lo que Es, Amor, La vida... llámale como tú quieras, porque al final todo es lo mismo y el nombre que le pongamos desde nuestra mente es sólo una etiqueta.

Si quieres de verdad ver como se transforma tu vida, si quieres ver cómo consigues vivirla como tu alma te pide, comunícate con esa energía que también eres tú, como parte de ella que eres. Asóciate con la vida, con El Universo, con Todo lo que existe, porque somos una parte tan minúscula del Universo, representamos una cantidad tan pequeña de energía, que el verdadero regalo es contar con la colaboración de la gran fuente a la que pertenecemos, por eso te he invitado a seguir las 7 leyes que rigen el Universo y la ley de la atracción, vivir en armonía con lo que pertenecemos es remar con la corriente a favor, no sumergirnos en esa fuente de energía interminable sería como tener sed y no beber de un manantial de agua pura y abundante que tenemos disponible.

Representamos en el universo algo mucho más pequeño que una célula en relación a tu cuerpo, pero entre todas las células formamos un cuerpo más grande que a su vez forma parte de la naturaleza, que su a vez forma parte de la galaxia y a su vez forma parte del Universo...que a su vez forma parte de....¿?.

A mi me ha ayudado cambiar una frase: en lugar de Yo creo en Dios, digo Yo siento a Dios, y esa vibración en mí es mucho más potente, por eso, cuento siempre con la colaboración del Universo, pídele tus deseos al universo y siéntelo. Si quieres cámbiale el nombre, el nombre es lo de menos, si eres creyente utiliza tu formula habitual, si no lo eres, puedes ponerle un nombre o simplemente sentir la energía que te rodea, es lo mismo, la energía que todo lo mueve no necesita de nuestras etiquetas, entiende nuestras vibraciones. Lo que sí que tengo claro, es que cuando mi propósito está en benevolencia con todo lo que me rodea, y en armonía con el Universo, es cuando siento que todo trabaja a mi favor para conseguir lo que quiero, ya lo he comprobado. Te pido que lo compruebes por ti mismo y saques tus propias conclusiones.

Yo cuando visualizo me visualizo desde ahí, desde esa vibración de agradecimiento al Universo de que lo que he pedido ya se ha cumplido. Es muy importante que visualices en presente, si visualizas en futuro, tu sueño siempre estará en el futuro.

Otra cosa que practico es incluir a más personas dentro de mi visualización, y es importante que tu mente esté familiarizada con esas personas que incluyes, porque de esa manera para tu mente consciente es más creíble y es más fácil que tu vibración sea alta. Por ejemplo, si tu objetivo es conseguir un ascenso en el trabajo, implica en la visualización a las personas que estarán a tu lado cuando lo consigas, e intégralas en la visualización.

Hazlo siempre en una postura habitual en tu vida, si nunca meditas y de repente te pones en la posición de la flor de loto para visualizar, tu mente no va a integrar eso como verdad, será para ella algo nuevo, así que hazlo donde más horas pases al día, o en el sofá de tu casa, o en tu cama.

Un punto importante es visualizar con el objetivo cumplido, no la celebración de haberlo conseguido. Si visualizas la celebración tu mente te va a pillar muy rápido, tienes que visualizarte con ello ya asumido como tuyo, cómo te sientes cuando eso ya forma parte de ti, de tu vida, cuando ya es. En ese momento es cuando traspasas la barrera y llegas a tu subconsciente, de alguna manera es más visualizar en pasado que en futuro.

Te voy a contar algo, cuando descubrí la ley de la atracción, dije, voy a probarlo con algo grande. Y me visualicé celebrando que me había tocado la lotería de Navidad.¿ Sabes cual fue el resultado? La lotería tocó en el pueblo donde vivía, en el pueblo donde mis hijos van al colegio, en el centro comercial donde habitualmente compro, en el pueblo donde vive mi hermana, en el pueblo donde viven mis padres y en la administración de lotería que había debajo de donde fui de vacaciones. A mí no me tocó ni un céntimo. ¿Sabes por qué? Porque no era lo mejor para mí en ese momento, ¡tenia mucho que aprender!, ¡entre otras cosas a visualizar!. Desde luego el Universo me dio la respuesta: Te estoy escuchando, pero este no es tu momento. Todo sucede en el momento preciso que tiene que suceder, ni un segundo antes, ni un segundo después.

En mi cuenta de Instagram está la foto en la que estoy en la administración de lotería celebrando el premio con mis vecinos. Me quedó clarísimo: no soy yo quien sabe lo que es mejor para mí, no mientras sea mi ego quien pide.

Después aprendí todo lo que hasta ahora te he ido contando, y más cosas que me quedan por contarte. Ahora mis visualizaciones dan mucho mejor fruto, porque todo lo que visualizo, es una petición de mi alma, en benevolencia con todo lo que me rodea, y en armonía con el Universo. Una de ellas fue ver este libro publicado, doy las gracias porque ahora mismo lo tienes en tus manos. GRACIAS.

Y ahora, la parte más importante de la visualización, olvídate de ella durante el resto del día, practica el desapego al resultado. Si te apegas, ese deseo te posee, y te resta libertad. Da por hecho que lo mejor que haya para ti te va a llegar, hazlo con fe, con conciencia. Hemos dedicado un capitulo entero al desapego, úsalo también para tus sueños. ¿Cuántas veces has escuchado eso de "olvídate, cuando tenga que ser será"?, pues exactamente eso, cuando tenga que ser será, y mientras tanto tienes una misión: Ser la mejor versión de ti mismo para que eso se cumpla. No se trata de construir una gran muralla en 24 horas, se trata de poner el mejor ladrillo cada día. Si tú haces lo que tienes que hacer cada día, lo mejor que sabes, con perseverancia, con paciencia, con amor, con empeño, te garantizo que tus resultados van a llegar. Si te pasas el día visualizando en tu sofá vas a ser un experto visualizador, nada más. Así que demuéstrale a cada segundo al Universo y a ti mismo, que eso que deseas es tu sueño, y que estás dispuesto a superar todos los obstáculos por conseguirlo, y hazlo sin apego.

Recuerda todo lo que hemos hablado en el capítulo de pasar a la acción. Si tu sueño te domina dejas de ser libre, y en lugar de ser un sueño se convierte en una pesadilla. Avanza cada día siendo tu mejor versión, ten fe en que todo lo mejor te va a suceder, y que el camino que estás siguiendo es el correcto, no puede ser otro, es el que es, con sus lanzaderas y sus obstáculos, y es perfecto. El destino de ese camino no lo sabemos, pero si que cuando llegue, verás que es perfecto, que tenia que ser tal y como fue.

"Yo no sueño por la noche, yo sueño todos los días. Yo sueño para vivir."
Steven Spielberg

16. Reprograma tus creencias. Elimina los obstáculos.

"Una creencia no es una idea que la mente posee, es una idea que posee a la mente."
Robert Bolt

En el primer capítulo de este libro ya vimos de dónde surgen las creencias y cómo se instalan en nuestra mente subconsciente, haciéndonos actuar de determinada manera sin que seamos conscientes de ello. Ahora ya entiendes mucho mejor cómo funciona la mente humana y todo el poder que alberga para hacer cambios en tu vida, conseguir tus sueños y vivir la vida que realmente quieres vivir. Seguramente a lo largo de la lectura ya has ido observándote a ti mismo, y ya has podido detectar algunas de estas creencias limitantes. Este tema es muy extenso, y requiere trabajo, pero te voy a dar en este capitulo las pautas esenciales para poder hacer poco a poco el cambio de creencias que necesitas para transformar tu vida, para poder obrar en libertad y poder, de una vez por todas, superar los obstáculos que se te resisten o las vivencias repetitivas que hay en tu vida y a las que quieres dar carpetazo.

Quiero que sepas que una reprogramación de creencias no es rápida, requiere su tiempo y perseverancia, requiere de tu observación y de tu voluntad, que puedas hacerlo o no depende única y exclusivamente de ti. Me encantaría que este libro no fuese una fuente de pensamiento mágico para ti, que igual que llega en poco tiempo se va, deseo que los cambios que consigas sean duraderos, que tengas un alto rendimiento del poder de tu mente a largo plazo y hacer inquebrantable tu mundo interior. Quiero que ajustes tu velocidad a tus necesidades, a tus tiempos, a tu orden, no quiero un tren del éxito que descarrile por exceso de velocidad, quiero que te subas a un tren que siempre esté en marcha.

He visto a gente descarrilar en su tren en el intento de sustituir sus creencias limitantes, no por creencias potenciadoras, sino eufóricas. Estas creencias eufóricas sí que desatan positivamente unos objetivos en el cerebro, pero la mayoría de las veces, terminan siendo un obstáculo en la vida. Lo importante en una reformulación de creencias es que sea lo suficientemente realista como para una realización potencial de las ideas que irán asociadas a ellas. Te pongo un ejemplo exagerado para que lo entiendas:

Imagínate que el director de un proyecto tiene una creencia limitante en su subconsciente que saca a la luz: "No consigo buenos resultados porque no tengo capacidad suficiente" y trabaja para reemplazar su creencia limitante en una potenciadora. La que elije es "Puedo conseguirlo todo porque tengo un poder ilimitado". Llega el momento de establecer los objetivos de su equipo, y empujado por su creencia potenciadora (eufórica) establece unas previsiones equivocadas. A largo plazo será un freno para el proyecto.

Cuando somos capaces de observarnos y detectar nuestras creencias limitadoras es muy importante saber reformular la creencia de manera que permitan nuestro funcionamiento, es decir la realización de nuestros planes. En este caso, por ejemplo una buena creencia para el director del proyecto sería: "Todo es factible, sólo hacen falta buenas ideas", esta creencia recoge, por una parte, posibilidades ilimitadas e incluye una forma realista de lo factible, de la realización de visiones nuevas que potencien sus resultados. Este tipo de creencia permite una planificación razonable y la posibilidad de riqueza de ideas que potencien su proyecto.

La creencia debe estar siempre formulada en positivo y ser lo suficientemente realista para que sea de ayuda en la obtención de resultados con respecto a tus objetivos. Hay una diferencia entre un optimista y un iluso. La persona positiva es un realista que estima sus recursos de manera adecuada, el iluso las sobrevalora y normalmente no consigue nada. Esta es la diferencia entre las creencias funcionales y disfuncionales en el éxito. Te animo a convertirte en un optimista, no en iluso.

Las creencias funcionales son del tipo: "Si existe una solución, yo la encuentro, o encuentro quien me la puede dar.", "Hago todo lo que está en mi mano para conseguir mis objetivos" o "Siempre doy lo mejor de mí". Este tipo de creencias hará que te sientas bien, incluso si alguna vez, no eres capaz de conseguir milagros.

Te invito a que te observes mientras hablas, y apuntes o al menos memorices las frases que surgen de ti en una conversación natural de tipo: Yo creo que, yo diría que, bajo mi punto de vista....Haz una lista con esas frases y cámbialas a positivo, el simple hecho de escribir lo contrario ya va a darle una lectura a tu cerebro que va a reducir tu creencia limitante.

Puedes hacer otro ejercicio. Escribe cuál es tu problema en una frase y haz una relación de las actitudes que tomas ante ese problema que crees que no hacen posible que se solucione. Sé honesto contigo mismo, expresa de verdad cómo te sientes, olvida a tu ego, tus justificaciones y tus "no pero..."
Coge esa lista y cámbiala a positivo, y ahora pregúntate, como cambiaría tu problema si las afirmaciones que has escrito en positivo fueran ciertas sobre ti. Te invito a que

lo escribas, no te lo digas a ti mismo, escríbelo porque todo lo que escribimos se graba en nuestro cerebro de manera mucho más intensa. Describe cómo sería tu actitud ante tu problema si todas esas creencias que has traducido a positivo fueran ciertas. Esa es la actitud con la que tienes que visualizar la obtención de tus resultados.

Después tendrás que hacer uso de las repeticiones, elije las dos o tres que crees que te ayudarán más y repítete tantas veces como puedas a lo largo del día y si es posible en voz alta tu nueva creencia potenciadora. Encuentra los diferentes momentos del día en que estás haciendo algo que te permite hacer estas repeticiones, por ejemplo, mientras conduces, mientras te duchas, en el gimnasio.... Hazlo durante 21 días seguidos, te garantizo que si lo haces al pie de la letra después de esos 21 días tu cerebro habrá asimilado la nueva creencia y notarás cambios sustanciales en tu vida. Las creencias que nos limitan normalmente están ligadas a sentimientos de falta de merecimiento, de culpa, de falta de autoestima, que se instalaron en nuestra mente sin darnos cuenta y de las que realmente no somos conscientes. La observación de la palabra es la gran fuente de información para sacarlas a la luz y poderlas trabajar. Una vez más, la observación es la gran herramienta del cambio. Recuerda también el gran poder de vibración de la palabra, cada vez que estés haciendo tus repeticiones, además de grabándolas, estás propiciando que esa vibración se genere en tu mente y que por la ley de correspondencia atraigas eso a tu vida.

La tarea de auto identificación de creencias, sobre todo al principio, no resulta fácil, porque nuestro ego salta automáticamente diciendo, "pero si realmente yo no tengo miedo, qué tontería, si realmente yo no pienso eso de los hombres/mujeres, pero si yo, de verdad, que no me siento culpable". Es verdad, no eres consciente de que es así, pero cuando te abres a observarte y a aceptarte eres capaz de resolver todo eso y dar un paso gigante en tu vida, sobre todo el paso gigante a quererte a ti mismo y creer en ti y eso es el gran motor del cambio. Yo recuerdo llorar a lágrima viva cuando acepté algunas de mis creencias, sentí que había sido durante mucho tiempo vulnerable por algo que en realidad era muy efímero. Lloré de rabia, me sentí muy tonta. Después aprendí a perdonarme, somos totalmente inocentes, hacemos todo lo mejor que sabemos con los recursos que tenemos en cada momento.

Hay creencias instaladas que realmente hacen mucho daño, ¿Sabes cuántas parejas siguen juntas e infelices porque creen que sus hijos no pueden ser felices si están separados? ¿Sabes cuántas personas no emprenden sus negocios con grandes ideas porque creen que ser empresario es algo sucio? ¿Sabes cuántas personas hay en el mundo que no están con el amor de su vida porque no se sienten lo suficientemente valientes para exponer sus sentimientos o creen que no son lo suficientemente buenos para estar con la otra persona? La vida pasa, ¿cuánto tiempo estás dispuesto a postergar tus sueños limitado por algo que puedes cambiar? ¿Cuánto tiempo más quieres ser esclavo de tu mente? ¿Quieres o no vivir la vida que mereces y deseas?

Si empiezas tus ejercicios y no te ves capaz de sacar a relucir tus creencias, pide ayuda. Busca a alguien que lo haya hecho antes que tú, alguien que ya haya recorrido ese camino, que te inspire confianza y que sienta acompañarte en el camino. La mejor inversión que puedes hacer en tu vida es en ti mismo. Dedicar tiempo, dinero y esfuerzo a conseguir conocerte de verdad y conseguir lo mejor de ti es la mejor inversión que harás en tu vida, porque a partir de ahí serás capaz de conseguir lo que te propongas. Las prioridades las pones tú.

Te animo a tener un cuaderno en el que vayas anotando todos tus pensamientos, las creencias que detectes y haciendo tus ejercicios. Será tu hoja de ruta, y cuando vaya pasando el tiempo, tendrás reflejado ahí tu proceso y te servirá de ayuda para ir superando lo que en el futuro te venga con mucha más facilidad. Mucho mejor un cuaderno que las notas de tu móvil (aunque éste es muy útil cuando te vienen ideas de estas que o apuntas en ese instante o se van) todo lo que escribas de tu puño y letra tu cerebro lo reconocerá como tuyo propio, no de algo externo, y lo procesará y asimilará con más facilidad. Imagina cómo será tu nuevo tú cuando las creencias limitantes que ahora no te dejan salir de tu zona de confort se vayan y entren otras que te permitan dar ese pequeño paso que hace cambios gigantes.

"Te conviertes en aquello en lo que crees."
Oprah Winfrey

17. La hoja de Ruta. Marca tus metas.

> "Establecer metas es el primer paso para transformar lo invisible en visible."
> Anthony Robbins

¿Sabes que el 95% de la gente de este planeta no tiene metas? ¿Y sabes que sólo el 3% de la personas tiene sus metas reflejadas por escrito?

En 1953 la universidad de Yale realizó una encuesta en la que se le preguntaba a los encuestados si habían definido sus metas, si las tenían por escrito y si tenían trazado un plan para lograrlas. Un 84% de los estudiantes no tenía ninguna meta definida, el 13% la tenía, pero no la tenía por escrito, solamente el 3% las había puesto por escrito y tenía marcado un plan de acción. En 1973, 20 años más tarde, se hizo un seguimiento de la evolución de aquellos alumnos, y las diferencias entre los encuestados resultaron impactantes. El grupo del 13% que tenía objetivos aunque no los había puesto por escrito estaba obteniendo el doble de ingresos de media de lo que lo hacía el 84% que aseguraba no tener metas, pero lo más asombroso es que el 3% que tenía sus metas escritas y el plan de acción desarrollado para conseguirlas, estaba de media ganando DIEZ veces más que el 97% restante.

Éste no es el único estudio realizado al respecto, se han hecho numerosas investigaciones que determinan la relación directa entre la definición de metas y la ejecución de tareas. Y todas concluyen que definir metas hace que dirijamos nuestras acciones y esfuerzos hacia lo que queremos conseguir porque ayudamos a nuestro cerebro a desarrollar estrategias para alcanzarlas y nos empuja a ser constantes y persistentes.

Tener objetivos hace que tengas marcado el rumbo hacia donde deben dirigirse tus acciones, y aunque nuestra meta sea difícil, el hecho de visualizarlo, definirlo y planificarlo influye de forma muy importante en que nuestro comportamiento sea el gran estímulo que ayude a la obtención de resultados. Es evidente que esperar simplemente a que las cosas sucedan no da grandes resultados.

Hay una cosa importante que debes tener presente antes de marcar tus metas y durante el transcurso del tiempo que tardes en conseguirlas: tú eres el único responsable de tu vida, y el único responsable de convertir, o no, tu vida en lo que tú quieres, así que deja de lado las excusas, los juicios y los apegos. Cuando hablamos de querer conseguir algo, hablamos de QUERER conseguir algo. No importa de dónde vienes, lo importante es a dónde vas. Eres tú quien tiene el mando. Asume tu completa responsabilidad sin quejas, sin criticas, sin excusas. La única forma de cambiar algo es hacerlo de manera diferente y dejar de hacer cosas que no te están funcionando.

Para conseguir tus metas vas a tener que tener en cuenta todos los aspectos que hemos revisado a lo largo del libro, recuerda lo que hemos hablado de la integridad, de la intención, de la gratitud, del perdón, de las leyes del universo, la ley de la atracción, de la visualización...todos esos aspectos deben ser las pautas para marcar objetivos con garantía de que los vas a cumplir. Hay un método para ponerlos por escrito que te recomiendo utilizar, que es escribirlos siempre en presente y en formato SMART:

Specific
Measurable
Achiveable
Realistic
Time Bound

Specific: Debes ser específico, claro con el qué, cómo, cuándo y dónde. Igual que lo hacíamos con la visualización, tu meta debe estar redactada con todo lujo de detalles.
Measurable: Que sea posible cuantificar los fines y los medios.
Achiveable: Que sea posible lograr los objetivos conociendo los recursos y las capacidades a tu disposición
Realistic: Realista, significa que sea posible obtener el nivel de cambio reflejado en el objetivo.
Time Bound: Limitado en el tiempo, es decir, establecer un tiempo en el que se debe completar cada uno de ellos.

Realmente la intención con que marques esos objetivos va a ser el motor que te lleve a conseguirlos. ¿recuerdas el poder de la intención y que no es un simple deseo sino un deseo con pasión? Muchas veces la intención es incluso más poderosa que el objetivo, escribe también tu intención, así cada vez que lo leas recordarás el porqué de tus sueños y eso te ayudará a no rendirte.

Cuando tengas todas tus metas detalladas por escrito, ordénalas por orden de prioridad. Imagínate que un genio te concede tres de los deseos que has escrito. Elije de tu lista esos tres que quieres que se concedan por delante de las demás. Ve agrupando de 3 en 3 y ponlas en orden.

Es posible que algunas de las metas que hayas escrito no sean nuevas en tu vida, que lleves tiempo intentando hacerlo pero no lo hayas conseguido. Pon por escrito qué actitudes que tú has tenido crees que han frenado que llegues a conseguir esas metas. Obsérvalas y traduce a positivo esas actitudes, qué actitud puede sustituir a esa que tuviste y que no te funcionó. Escribe detalladamente cómo quieres hacerlo.

Una vez tengas tus metas por escrito, divide tus objetivos en meses, en semanas y en días. Es decir, detalla qué acciones tienes que realizar en cada plazo para conseguir lo que te has propuesto. Por ejemplo, si te has propuesto ir de vacaciones a un país exótico el año que viene, divide la cantidad que tienes que ahorrar para hacerlo posible, divide esa cantidad en 12 meses y lo de cada mes en 30 días, de esa manera tendrás un objetivo diario asumible para alcanzar a final del termino tu objetivo.

Es importante también que identifiques y escribas el conocimiento, la información o las habilidades que necesitas desarrollar para alcanzar tu objetivo, y añade como prioridad alcanzar esos conocimientos y trabaja en ello todos los días. Imagínate que quieres hacer la próxima presentación a la dirección de la empresa en la que trabajas en inglés, para sentirte cómodo haciéndolo necesitas mejorar y practicar el idioma.

Cuando veas plasmados tus objetivos verás que solamente por el hecho de tenerlo por escrito, ordenado y planificado, tus metas parecen mucho más posibles. Tus posibilidades de alcanzarlas cuando lo tienes por escrito aumenta de manera dramática las posibilidades de conseguirlas.

Ten una copia de tu lista en cada lugar donde pases más tiempo. Una en tu lugar de trabajo, en el bolso, en la cartera, en tu mesita de noche. Y lee al menos dos veces al día tu lista, recuérdale a tu cerebro cuáles son los objetivos, que tenga claro cuál es el destino. Hay personas a quien le resulta muy útil hacerse un panel de visualización, un corcho donde colgar por ejemplo fotos, frases, imágenes que reflejen su objetivo, te servirá de apoyo.

Y por último utiliza a diario la ley de la atracción. Visualiza cada día tu objetivo ya cumplido y después desapégate de él. Trabaja para conseguirlo cada día simplemente siendo la mejor versión de ti mismo y haciendo todo lo que está en tu mano para que alcanzarlo, sin apego, con la confianza de que la vida va a darte lo mejor para ti, para tu evolución y tu aprendizaje como persona, y con la convicción de que cada uno de los obstáculos que encuentres son simplemente aprendizajes que tienes que hacer, para seguir adelante con mayor fuerza. Cada obstáculo superado aumenta tus posibilidades de llegar a la meta.

Si algunas de las tareas que tienes que realizar no te gustan o te resultan aburridas, intenta darles un aliciente, por ejemplo, imagínate que te has comprado o alquilado una casa y la tienes que amueblar, tu presupuesto es muy pequeño y te pones como meta hacer tú mismo los muebles más necesarios, es posible que algunas de las tareas, te sean entretenidas pero que otras sean muy tediosas. Si las que te cuestan más no requieren concentración, puedes poner música o intentar buscar a alguien que te acompañe mientras lo haces para tener una charla a la vez que haces las tareas. Si requieren concentración, te recomiendo que hagas primero las que menos te gusten, y las taches de la lista, de esa manera, sólo el hecho de saber que lo más complicado para ti ya está hecho te dará mucha más fuerza y seguro que el resto las haces más rápido y con más alegría.

Cada vez que cumplas un objetivo, bien diario, semanal o mensual, ve tachándolo de tu lista, ver como tu lista se va reduciendo te hará ver como cada vez queda menos para alcanzar tu meta, y te mantendrá motivado para seguir trabajando por ello.

"Aquel que tiene un porqué para vivir se puede enfrentar a todos los cómos."
Friedrich Nietzsche

18. Perseverancia. El valor que lleva al éxito.

"Si una persona es perseverante, aunque sea dura de entendimiento, se hará inteligente, y aunque sea débil, se transformará en fuerte."
Leonardo Da Vinci

Recuerdo cuando tenia 18 años, y conocí a mi marido, todo parecía muy difícil para que las cosas salieran adelante en nuestra relación. Nuestros mundos eran completamente diferentes, y nuestra vida también, nuestro círculo de amigos, nuestras relaciones, incluso nuestra forma de plantearnos en aquel momento el futuro era completamente diferente. Eso hacía que muchas cosas no fueran lo fáciles que inicialmente parecía que pudieran ser y hubo momentos en los que aunque yo estaba dispuesta a todo por la relación, dudaba de si él también lo estaría o si su mundo le pesaría más que el que estaba por construir conmigo. Un día, en un ataque de dudas, bajé de mi habitación a la cocina de mi casa, allí estaban desayunando mis padres con unos primos que además son buenos amigos, y que habían venido a visitarnos de Madrid. Siempre he tenido el apoyo incondicional, en todo lo que he decidido, de mis padres y he tenido plena confianza con ellos, les contaba todo lo que me atormentaba. Cuando llegué a la cocina, me senté en una silla y les expliqué a los cuatro lo que me pasaba, me comían las dudas, no sabía si debía o no tirar la toalla porque las cosas no eran como yo quería o más bien, no estaban sucediendo tan rápido como yo creía necesitar en ese momento. Y obtuve de mi primo una pregunta y una respuesta: Natalia, ¿le quieres de verdad? Entonces, no abandones. Las cosas se consiguen a base de perseverancia.

A lo largo de los capítulos ya os he explicado como a veces se nos quedan grabadas frases a fuego en la memoria, cómo imágenes que no sabemos bien por qué nos impactan y prevalecen sobre otros recuerdos, aun cuando a veces no le encontramos el porqué. Esta fue una de ellas: Las cosas se consiguen a base de perseverancia. Seguí su consejo y no desistí, y el camino que vino tras la espera fue maravilloso.

Muchas veces nos desesperamos, sabemos lo que queremos, lo tenemos alto y claro en nuestra cabeza, creemos hacer todo lo que está en nuestra mano por conseguirlo, y sin embargo, lo que estamos esperando no llega. ¿Qué tenemos que hacer en ese momento en el que nos dan ganas de abandonar? Si realmente quieres conseguirlo, perseverar.

Hay una cosa de la que nos olvidamos muchas veces cuando tenemos una meta en mente, y es disfrutar del camino, cuando es en el camino donde está la felicidad. Si tienes hijos o quieres tenerlos, posiblemente una de tus metas en la vida es que lleguen a ser adultos felices. ¿Que te parecería si nacieran y de un chasquido de dedos se convirtieran en adultos felices? Te habrías perdido un camino precioso, que conlleva muchos momentos de felicidad, de alegría constante, de obstáculos, de inseguridades, de miedos, de sufrimiento, de pasión, de aprendizajes, de experiencia, de risas, de juegos, de fascinación y de muchísimo amor. Y habrías conseguido tu objetivo en tres segundos, pero ¿es eso de verdad lo que querías? Todo objetivo requiere su tiempo, y disfrutar del camino que te lleva hacia él cada día, es lo que va a hacer que llegar a él valga la pena y además si lo afrontas de esa manera estarás permitiendo que tu objetivo se cumpla mucho antes. Por la ley de correspondencia y la ley de la atracción de las que ya hemos hablado, estarás generando un tipo de vibración que hará que conectes con la vibración de tus sueños y que los atraigas. Sin embargo, si haces del camino un paseo de quejas, de juicios, de desesperanza, de desanimo, de amargura, si te haces esclavo de tu sueño, si perseveras es posible que llegues, pero habrás dejado por el camino mucho tiempo y mucha energía inhábil.

Las cosas en el mundo material se mueven en una energía más densa, todo requiere más energía en el mundo material, como humanos hemos venido a vivir nuestra experiencia en este mundo, desde este plano material, y aprender a lidiar con ello es uno de nuestros mayores aprendizajes.

La paciencia y la perseverancia son dos manos que sostienen el camino hacia el éxito. La clave es estar presente, haciendo lo que haces, disfrutando del placer de dar. Mantén el foco en tu objetivo con desapego, para que te permita vivir el camino hasta la meta libre, fluyendo con los aconteceres. No todo va a ser color de rosa, seguro que hay obstáculos, la perseverancia es una mezcla de esfuerzo y compromiso.

Cuando te alías con la perseverancia y el compromiso, lo haces con la convicción de que lo que haces importa, que le estás dando lo mejor de ti a cada uno de los pasos. Y eso requiere también resiliencia, capacidad para recuperarse en las situaciones difíciles y volver al punto de partida, ser capaz de replantear la situación de manera que nos permita hacer lecturas positivas en situaciones con consecuencias con las que no contábamos. Si nos encontramos con situaciones complicadas, hay que dar los pasos necesarios para salir de la situación y recuperarte, y que ese obstáculo no haga que abandones tu sueño. Eso es la resiliencia.

La British Columbia University realizó un estudio dirigido por Adam Di Paula y Jenifer Campbell que demostraba que cuanto más autoestima tiene una persona, más mejora su perseverancia. El estudio demostró que las personas con la autoestima más elevada mejoraban y optimizaban los nuevos intentos tras un obstáculo en el camino hacia sus objetivos, y que además encontraba un mayor número de opciones para solucionarlo. Cuando eres capaz de gestionar eficazmente tus emociones y consigues actuar desde la presencia, tu autoestima automáticamente mejora, y eso facilita que no desistas ante los obstáculos que puedas encontrar para conseguir tus metas. Al final, la realidad es que el obstáculo mayor entre nuestras metas y nosotros, somos nosotros mismos, nuestras dudas, nuestras angustias, nuestros miedos, nuestras incertidumbres, que son producto de nuestra mente, son las que nos hacen en la mayoría de los casos abandonar.

Cuando pienses en abandonar, recuerda la ley del 1%, proponte mejorar tu situación solamente un 1% cada día, ¿sabes lo que eso significa? Que pasado un mes habrás mejorado un 30%, en tres meses estarás cerca del 100% y en diez años, habrás hecho un progreso del 3650%. ¿No crees que vale la pena? ¿Qué diferencia puede hacer eso en tu vida?

La manera más eficaz de permitirlo es dejando fluir los acontecimientos, dejando que la vida fluya y permitirte fluir con ella. Mira a tu alrededor, las plantas crecen, los planetas se mueven, los peces viven en un océano lleno de amenazas, pero simplemente fluyen con la vida, y en cada momento elijen la mejor opción. Nosotros somos también parte de esa naturaleza que fluye por si sola, debemos aprender a fluir con ella de la misma manera, con la convicción de que somos capaces de conseguir lo que queramos si actuamos con amor, porque el amor trae paz, armonía, y nos permite fluir, perseverar. Los miedos nos paralizan, nos provocan necesidad de control, nos alejan de nuestros sueños.

Si eres capaz de estar presente en cada momento de tu día, serás capaz de vivir desde la paz, desde la tranquilidad, que es al final lo que todos buscamos. Si vibras en esa frecuencia atraerás más de lo mismo, y acercarás cada vez más tus sueños.

Cuando veo a los deportistas de élite celebrar sus títulos, sus medallas, sus copas, me emociono. Y no es ese momento de éxtasis por haberlo conseguido lo que me emociona, es todo lo que hay detrás de cada una de esas celebraciones. El esfuerzo, la perseverancia, la tenacidad, la resiliencia. Cada titulo de un atleta de élite es la recompensa a mucho tiempo creyendo que lo podía conseguir, y el premio a no haber desistido nunca, cada uno de esos títulos se ganan en cada entrenamiento diario, en la superación de cada lesión, en la dieta, en los horarios, en el análisis y las estrategias para conseguir mejorar, y tras todo eso, llegan los minutos de gloria y la recompensa a la perseverancia, la convicción y la resiliencia.

Valórate a ti mismo del 1 al 10 en cada una de esas áreas con respecto a propósitos que hayas conseguido y propósitos en los que hayas desistido. ¿Qué nota del 1 al 10 te pondrías en perseverancia, convicción y resiliencia? ¿Qué podrías hacer para mejorar esa nota en tus metas actuales?

La felicidad está íntimamente asociada al progreso, al crecimiento personal, a la realización. Como humanos necesitamos expandirnos, brillar, sentirnos realizados, ver y alcanzar nuevos horizontes, y hacerlo o no, es una actitud y una decisión que tomas tú, nadie lo puede hacer por ti. El mundo está en movimiento, y tu debes moverte con él para avanzar y para sentir que tú también evolucionas. El "luego lo hago", "ya lo haré", "ya llegará el momento" son males que nos han invadido. ¿Quieres llevarte tus sueños contigo a la tumba o quieres vivir la vida como tu alma te pide? MUÉVETE, escucha ese susurro interior que es tu alma diciéndote qué te hace feliz, con qué vibras, permítete sentir y ve en busca de tus sueños ahora. No existe otro momento. Tus sueños están llamando a tu puerta, esperando a que te creas merecedor de conseguirlos.

"El 90% del éxito se basa simplemente en insistir."
Woody Allen

19. Con luz propia. Es tu momento de brillar.

> "Lo que creemos de nosotros, y de la vida, llega a ser nuestra realidad."
> Louise L. Hay

En todos y cada uno de nosotros reside una luz interior que podemos expandir y hacer brillar, incluso inundar a todo lo que tenemos a nuestro alrededor de nuestra luz. Todos los seres humanos tenemos un deseo innato de mejorar, de crecer personal y espiritualmente, alcanzar nuestro mayor nivel de perfección, queremos ser cada vez más luz. Estamos viviendo una época de cambios, nos estamos dando cuenta de nuestra necesidad de conectarnos con nuestra fuente para de verdad poder ser felices, porque a pesar de querer tener cada vez más cosas materiales, hemos reconocido nuestra necesidad de conectar con nuestra alma, permitirnos sentir y crecer también personal y espiritualmente. Ya sabemos que aunque tuviéramos todos los bienes del mundo, si no tenemos ese crecimiento, nos sentiríamos vacíos. Hemos empezado el camino para conectar cada vez más con nuestra luz, y hacernos brillar por lo que somos, no por lo que tenemos. Todos estamos llamados a brillar con luz propia, a expandir esa luz, a sincronizar nuestra energías vibratorias y vivir en armonía con todo lo que es. Somos seres diferentes, y cada uno tenemos luz propia.

¿Cómo podemos hacer para que esa luz brille cada vez con más intensidad? Rodéate de belleza, de luz, de amor, eso es lo que nos ayuda a ver nuestra luz interior, lo que nos permite ver todo el amor que albergamos, que es la expresión de luz más propia de cada uno.

Rodéate de personas que te aporten, que te sumen. Tú eliges quien quieres tener alrededor, si te rodeas de personas que te inundan con sus quejas, con su victimismo, con sus juicios, esa energía te impacta y te costará más trabajo poder irradiar con la potencia que tú quieres tu propia luz. Si te rodeas de personas que te inspiren, que te trasmitan su energía, sus ganas de vivir, si te rodeas de gente que actúa con amor, que no juzga, que no critica, que ama vivir, te impregnarás de esa energía y tu luz verá un espejo en el que mirarse.

Elige de igual manera lo que escuchas en los medios de comunicación, no quiero decir que permanezcas ignorante a lo que pasa en el mundo, pero con saberlo es suficiente, no necesitas machacarte con ese informativo catastrofista, ni con el programa de dos horas hablando de la deficiente economía, tú ya sabes que está pasando, vive con la alegría de saber que tú estás haciendo todo lo que está en tu mano para hacer tu mundo mejor, se tú la buena noticia.

Perdona las actitudes de todos los que en un momento dado te hirieron, acepta que hicieron lo mejor que sabían con los recursos que tenían en ese momento, y acepta que no tienes derecho a juzgarlos. Perdona de corazón, acepta que te quisieron, y que su incapacidad de expresarlo de otra forma hizo que las cosas fueran como fueron. Te quisieron lo mejor que supieron. Simplemente aceptando que esto fue así estarás haciendo un gran acto de amor que te hará brillar. El perdón renueva nuestra luz.

Repite frases de amor, alberga pensamientos positivos hacia todo lo que te rodea, verbaliza toda la belleza que te rodea, vibra en la frecuencia del amor, haz gestos de amor constantemente, a veces no hace falta hacer grandes cosas, ayudar a alguien a abrir una puerta, agradecer con una sonrisa la ayuda que los demás te brindan, sonreír y saludar los buenos días a tu vecino, los pequeños actos, todo eso son acciones de amor que puedes ir haciendo 24 horas al día, que harán que tu luz no sólo crezca, sino que se acumule y expanda.

Agradece cada mañana y en cada momento todos los pequeños milagros y actos de amor que suceden a tu alrededor, el agradecimiento es la fuente de abundancia más activa que hay en el universo, cuanto más agradecido seas, más brillarás, Hazte una lista por escrito de las cosas por las que estás agradecido, y léela cada mañana y cada noche, y añade a esa lista todas las pequeñas cosas de tu día a día por las que te sientas agradecido. No te puedes imaginar el gran cambio que hace el empezar el día con una sonrisa, yo lo hago cada mañana, en cuanto abro los ojos, sonrío, y doy gracias a Dios por todas las bendiciones que tengo en mi vida. Por todos los milagros que cada día se suceden.

Conéctate con tu fuente de energía, cada uno creamos a nuestro Dios, llámale como tu quieras, pero construye una fuente en tu mente acorde con tus sueños, no te dejes guiar por quien te venda un Dios castigador y exigente, Dios es amor, el universo es amor, la vida es amor, la naturaleza es amor. Cuanto más conectado te sientas a la fuente, más brillaras, porque ese amor es luz en esencia, ese amor eres tú mismo, es la fuente la que se expresa en ese momento a través de ti. Conéctate con esa fuente de energía suprema y comparte con ella tus vivencias, conversa, explica lo que te sucede, lo que sientes, lo que miras, lo que oyes, entra en contacto con esa fuente que llena el universo y como parte de él que eres comunícate, exprésale tus deseos, mándale la vibración en la que quieres permanecer y también exprésale tus miedos, entrégaselos y nútrete de su luz para brillar con más y más fuerza.

Medita, la meditación es la vía más rápida para entrar en contacto con tu luz y hacerla expandirse, elige la forma de meditación que te sea útil, lo importante es que cree silencio, te aporte presencia y eleve tu nivel de consciencia.

Reprograma tus creencias, obsérvate, identifícalas y cámbialas por creencias potenciadoras que te ayuden a superarte y a salir de tu zona de confort. Si te es difícil hacerlo solo, pide ayuda. Busca alguien que sepa cómo hacerlo, invierte en tu felicidad porque este punto es la diferencia entre conseguirlo o estancarte. Reprogramar las creencias subconscientes que tienes instaladas y cambiarlas por creencias potenciadoras va a cambiar tu vida.

Visualiza tu vida tal y como la deseas, vibra en la frecuencia de esa vida ya sucediendo, empápate de la luz que ya tienes en ese plano etéreo donde se siembran los sueños y donde todo ya está sucediendo tal y como tú, desde la integridad y las más nobles intenciones creas tu realidad. En el universo hay una cantidad infinita de luz, observa cómo te nutres a cada segundo de esa luz de amor y cómo la expandes en cada acto, con cada gesto, con cada palabra. Cuanto más te identifiques con esa luz, más brillarás y más luz y amor verás a tu alrededor.

Afronta los momentos de oscuridad, el momento más oscuro de la noche es el momento justo antes del alba, atiende tus noches oscuras con la certeza y la fe del que sabe que la luz está a punto de iluminarlo todo. Sigue siempre adelante con confianza. La ley del ritmo se expresa así pero tú ya sabes cómo gestionar el péndulo que la regenta.

Ponte metas, escribe tus objetivos. Divídelos en pequeños logros y felicítate por cada pequeño paso que te acerque hacia tus sueños, hacia los cambios que anhelas. Persevera, no te rindas, no huyas, cree en ti y en tu capacidad para conseguirlo. Posees toda la energía, todos los recursos, todo el amor para hacerlo, está dentro de ti. Conquista tus sueños y disfruta del camino que te lleva a ellos.

Cierra capítulos, deja ir. Toma conciencia, lo que fue ya pasó y lo que está por venir, todavía no es. Disfruta del ahora y permítete SER, en este instante. El presente es el mayor regalo que tenemos, el único. Toma la decisión a cada instante de ser feliz, de dar lo mejor de ti. Lo que has sido no condiciona lo que serás. Cada momento es un nuevo punto de partida hacia tus sueños.

Sé valiente, entrégate a ese deseo, a esa pasión que tienes dentro desde la integridad, si tienes algo que decirle a alguien, díselo, si tienes algo que hacer, hazlo, si sientes llorar, llora, si quieres hablar con alguien corre y habla. Si sientes un te quiero, dilo, no te escondas. No dejes que los miedos obstaculicen tus verdaderos sentimientos, tus deseos. No tienes nada que perder, sólo tienes mucho que ganar.

Quiérete mucho y ten plena confianza en ti mismo. Permítete descubrirte, aceptarte, conocer tus luces y tus sombras, abraza todo lo que eres y mírate con los ojos del amor. Eres un ser maravilloso y lleno, pleno de amor. Amate a ti mismo, la forma más sencilla de brillar con luz propia es manifestar amor, sé consciente del amor que te llena y entrénate para que brote de tu interior, háblate con amor, perdónate, quiérete y permite que el amor se exprese a través de ti sin miedo, exponte, eres maravilloso. Entrégate al amor verdadero, al amor incondicional.

No te tomes la vida tan en serio, hemos venido a dar amor, a compartir, a que nuestras manos, nuestros labios, nuestros ojos, nuestra expresión sea una extensión de nuestro corazón, de nuestra alma. La vida es algo más parecido a un juego que a un contrato. Nuestra vida es como un mueble de IKEA que hay que montar, lo único que hay que hacer antes de ponerse a montarlo es leerse las instrucciones, y seguirlas durante el proceso. Intentar montar un mueble sin libro de instrucciones es complicado, te van a sobrar siempre tornillos. El libro de instrucciones eres tú, entiéndete, obsérvate, léete y ordena todas las piezas, mira con mucha atención hacia dentro antes de querer montar el mueble. Vas a descubrir un mundo maravilloso, un sinfin de posibilidades, un motor inagotable, y tu fuente de felicidad más verdadera.

Cuida tu cuerpo, es el vehículo que nos ha sido dado para vivir esta experiencia, y es el cuerpo el mensajero de todo lo que nos sucede dentro. Cuida tu vehículo, y escúchalo, tiene muchos mensajes que darte. Haz ejercicio, come sano e hidrátate. Eres un ser de luz dentro de un cuerpo perfecto, cuida tu vehículo para disfrutar al 100% esta experiencia.

Mantén tu casa limpia y ordenada, lo que vemos fuera es lo que está dentro, y tu casa habla de ti. Si quieres tener un interior ordenado, sereno, luminoso, confortable, y lleno de buena energía, toma la tarea de hacer lo mismo con tu casa como una forma de limpiarte a ti mismo. Elimina lo viejo, deja espacio para que lo nuevo entre. Crea un espacio de confort donde estés feliz y cada vez que hagas tareas en tu hogar, tómalas como una forma de limpiar también tu interior.

Sé un ejemplo de amor, si quieres que los que vienen detrás actúen de determinada manera, se tú el ejemplo, no hay nada que cambiar en los demás, todos los cambios los tienes que hacer dentro de ti, y automáticamente todo se verá reflejado en tu exterior y en los que te rodean.

Siente en unidad con todo lo que te rodea, y sé responsable con el medio que te permite la vida. Recicla, pon conciencia en cómo se producen los productos que consumes y elige a donde va tu dinero. Siente a cada ser de este mundo como una expresión de amor. Me gusta esa enseñanza que explica la diferencia entre querer y amar. Si tú quieres a una flor, la cortas, la llevas a tu casa, le pones agua y observas su belleza, cuando verdaderamente amas a una flor, respetas el lugar donde crece, y vas a regarla allí todos los días. Este planeta es el único sitio conocido donde podemos vivir nuestra experiencia humana, y no nos pertenece, nosotros pertenecemos a este planeta. Cabe replantearse como estamos tratando nuestra casa, nuestro único hogar y el de nuestros hijos, y poner en ello conciencia y mucho amor.

Enfócate en lo positivo. Los humanos nos hemos convertido en una experta máquina de criticar, de juzgar, de condenar todo y a todos. Cada vez que te descubras haciéndolo, pon atención y observa qué parte de eso te pertenece. Cada vez que detectas una palabra, una actitud, un juicio, y de él aprendes, y lo modificas, estás convirtiéndolo en luz. La vida está llena de cosas bellas, de cosas buenas, de gente maravillosa, de momentos increíbles y de tanto amor, que cuando lo descubras, verás que lo negativo es simplemente una pequeña parte de lo que hay en el mundo y serás capaz de vivir en ese asombro permanente que nos hace crecer interiormente, como le sucede a los bebés, vivir en una evolución constante basada en el amor, y en la belleza que todo lo inunda. ¿Has visto la película Avatar? En realidad nuestra tierra no es muy diferente a la de los avatares, nuestra tierra es un lugar lleno de lugares increíbles, muchos de ellos ya los hemos invadido con nuestro cemento y nos hemos apropiado de ellos los humanos con nuestro ego, pero queda mucho por cuidar, por respetar, por amar.

Si decides crecer, conocerte, ir a por tus sueños, sentirte y permitirte SER tú, vas a encontrar personas y circunstancias que te lo pondrán en ocasiones difícil, toma cada una de esas experiencias como una prueba, como una oportunidad para crecer, sólo tú puedes desviarte de tu camino, solo tú eliges qué camino tomas. Seguramente esa experiencia es un reflejo de tus dudas, que viene a ponerte a prueba, para que tomes en firme tu determinación.

Lee mucho, busca inspiración en los libros. Busca lecturas inspiradoras que te guíen en el camino que quieras tomar, e imprégnate de sus enseñanzas. Leer sobre el tema que quieres superar o que quieres alcanzar va a mantenerte en tu propósito y en tu objetivo, te va a dar fuerza y herramientas para conseguirlo.

Eres la única persona capaz de coger las riendas de tu vida. Entra dentro de ti, observa, haz de tu mente un colaborador, ámate y decide cual quieres que sea tu camino. Hazte muchas preguntas, descúbrete y tomate tu tiempo, según vayas avanzando se te irán revelando las respuestas. Sé paciente, ya estás ahí. Y si necesitas ayuda, pídela. Busca alguien que haya recorrido tu camino antes que tú, no alguien que esté pasando por lo mismo, sino una persona que te pueda guiar, alguien con quien te sientas identificado, libre, y te sirva de referente. Quien ha recorrido ya el camino puede mostrártelo.

No tienes que crear ninguna luz para brillar, tú YA ERES LUZ, sólo tienes que reconocerlo, permitir llenarte de amor, amor por ti mismo, y por todo lo que te rodea, expandirte. Sólo tienes que permitirte SER.

Te mando mucho AMOR y un millón de GRACIAS.
Natalia.

"CUANDO EL PODER DEL AMOR HAYA SUSTITUIDO AL AMOR POR EL PODER,
EL HOMBRE SE LLAMARÁ DIOS."

SRI CHINMOY

Bibliografía:

¿Quién eres tú?- Lise Bourbeau. (Ed. Sitio)
Volver a sentir Olga Graf y Cristóbal Wagner. (Mandala Ediciones)
Coaching Wingwave. PNL, Feedback Muscular y Procesamiento Cerebral. Cora Besser- Siegmund y Harry Siegmund (Rigden Institut Gestalt)
Cree en ti. Rut Nieves (Autoedición)
Un curso de milagros (Fundation for inner peace)
El mundo de Sofía. Jostein Gaarder. (Ediciones Siruela)
La voz de tu alma. Lain Garcia Calvo (Autoedición)
Educar en el asombro. Catherine L´Ecuyer. (Plataforma Editorial)
PNL con tus hijos. Eric de la Parra Paz. (Editorial Sirio)
El poder del Ahora. Echart Tolle. (Gaia Ediciones)
Reinventarse. Dr. Mario Alonso Puig. (Plataforma Editorial)
Donde tus sueños te lleven. Javier Iriondo (Oniro El árbol de la vida)

Videos:

Creencias conscientes: El camino a la libertad emocional - Enric Corbera .
El arte de desaprender y la ecuación emocional fundamental - Enric Corbera
¿Dónde pones tu atención? - Barcelona, Teatro Regina – Sergi Torres.
La Trampa de los pensamientos - Barcelona, Teatro Regina- Sergi Torres.
Mindset para superar el miedo a mostrarte. Mònica Fusté
Vivir sin miedo. Mònica Fusté.

¿Te ha gustado CON LUZ PROPIA?

Por favor, ayúdame a que muchas más personas brillen CON LUZ PROPIA dejando tu opinión sincera sobre lo que te ha aportado este libro en http://amzn.eu/iY0oumG Tu opinión en Amazon es lo que más me ayuda a difundir, llegar a mas lectores y conocerte.
¡GRACIAS, GRACIAS, GRACIAS! por hacerlo.
Natalia.

Te invito a formar parte de la comunidad de lectores CON LUZ PROPIA. Encuentra recursos de coaching gratuitos, tips para disfrutar de una vida plena, cursos, charlas y talleres CON LUZ PROPIA en

www.nataliagarciacanillas.com
Facebook: @nataliagarcia.coach
Twitter: @nataliagc_coach
Instagram: @nataliagc_coach

Para contactar por email:
coach@nataliagarciacanillas.com

NOTAS

NOTAS

NOTAS

NOTAS

NOTAS

NOTAS

www.ingramcontent.com/pod-product-compliance
Lightning Source LLC
Chambersburg PA
CBHW070539170426
43200CB00011B/2474